올라운드 리더십

| 리더의 품격을 만드는 77가지 체크리스트 |

올라운드 리더십

김민오 지음

All-round

Leadership

좋은땅

리더십 발휘의 기회는
고단한 '과제'인가? 설레는 '축제'인가?

누구나 살면서 '리더 경험'을 하게 된다. 사람마다 리더 경험에 대한 인식의 차이가 있다. 리더의 경험을 통해 어떤 사람들은 '더 멋진 리더가 되고 싶다.'라는 생각을 하고, 다른 사람들은 '리더 역할은 나와 맞지 않다.'라는 생각을 떠올린다.

우리 각자의 생각이 어떠하든지 우리가 속한 조직과 사회는 하루하루 지속되고 있으며, 조직과 사회가 유지, 발전하기 위해서는 리더 역할을 하는 사람들의 존재가 필요하다. 서점에 방문하여 '자기계발', '경제/경영' 코너에 가면, '리더십'과 관련한 책들이 꾸준히 발행되고 있다. 이 책들을 찾는 현재 리더와 예비 리더 또한 많다는 사실을 통해 이들의 리더십 학습에 대한 갈증과 열망을 알 수 있다.

사실 리더십은 이론으로만 체득할 수 없는 영역이다. 리더십은 자신의 생활 속 실제 경험에서 발휘되기 때문이다. 따라서 리더십은 이론과 실제가 함께 균형 있게 맞물려 돌아가며 선순환을 일으킬 수 있도록 해야 한다. 이와 같이 리더로서 다양한 영역에 균형 있는 소양과 실력을 갖춘 리더십을 '올라운드 리더십(All-round Leadership)'으로 정의하여 소개한다. 올라운드 리더십에서 설정한 6개의 영역은 ① 리더의 성품, ② 리더의 업무능력과 실행력, ③ 리더의 의사소통과 구성원 지원, ④ 리더의 관계성 확장, ⑤ 리더의 자기 관리, ⑥ 리더의 성장과 브랜딩에 해당한다. 6개 영역에서 77개의 세부 주제를 다루었다.

이미 리더십과 관련하여 많은 책들이 발행되고 있음에도 리더십과 관련한 책을 쓰게 된 배경과 다음 3가지와 같다.

첫째, 필자 스스로 좋은 리더가 되고 싶기 때문이다. 물론 이 책의 원고를 작성하는 목적은 다른 사람들과 리더십에 대한 생각과 경험을 공유하기 위함이다. 하지만 더 궁극적인 목적은 원고 작성을 통해 필자 스스로 앞으로 생활 속에서 지금보다 더 품격 있는 리더가 되고자 하는 다짐에 목적이 있다.

둘째, 그동안의 리더십 관련 독서 내용으로 이해한 것을 원고 작성 작업을 통해 내 것으로 체화하고 싶기 때문이다. 필자의 서재에는 지난 10여 년간 꾸준하게 구입하여 수시로 읽었던 리더십 관련 책들이 있다. 이 책들을 읽었던 과정을 통해 리더십과 관련하여 현재의 나만의 리더십 이론이 어떻게 형성되었는지 원고 작성을 통해 스스로 확인 및 점검해 보고자 한다.

세부 주제별 내용 후반부에는 체크리스트 문항을 통해 필자와 독자의 리더십을 수시로 점검할 수 있도록 구성했다. 그리고 책의 마지막 부분에는 참고문헌 목록을 작성하여, 이 책과 함께 읽어 보면 좋을 필자의 추천 도서를 소개하였다.

셋째, 책의 제목처럼 품격이 있는 리더가 더 많아지는 것에 기여하고 싶기 때문이다. 만약 리더가 제 역할을 못하기 때문에 아예 리더가 없는 조직과 사회를 만든다면, 그 조직과 사회의 구성원들이 더 행복해질 수 있을까? 필자는 리더가 없어진다고 해도 결국 유토피아가 될 수 없다고 믿는다. 그리고 현실적으로 리더가 없는 상황이 될 수 없다. 그럼 어차피 리더가 존재해야만 한다면, 훌륭한 리더가 많아야 한다. 지금 이 책의 머리말을 읽고 있으신 여러분들은 분명히 품격을 갖춘 멋진 리더가 되고 싶은 욕구가 있는 상태라고 생각한다. 결국 이 책을 읽기로 선택하신다면 여러분이 멋진 리더가 되는 것에 도움이 되고 싶은 마음이다.

필자는 학군장교(ROTC), 교사, 대학교 및 대학원 겸임교수, 교육연구사, 장학사, 교감의 직업적 경험이 있다. 머지않은 미래에는 학교장이 될 것으로 예상한다. 이 직업들에서 요구하는 역할을 잘 수행하기 위해서는 공통적으로 품격 있는 좋은 리더십을 필요로 한다. 이러한 필요를 경력이 더해 갈수록 더욱 절실하게 깨닫고 있다. 필자가 경험한 직종을 포함하여 다른 직종에도 최대한 보편적으로 적용할 수 있는 리더십 관련 내용을 다루고자 노력했음을 밝힌다.

이 책이 세상에 나올 수 있었던 것은 필자와 함께 과거에 근무한 분들과 현재 근무하고 있는 분들 덕분이다. 특히 과거 나의 리더였고, 현재 나의 리더인 분들 덕분이다. 그분들께 감사의 말씀을 올린다. 그분들과 함께 일한 경험을 바탕으로 앞으로 더욱 성숙한 리더십을 발휘할 수 있도록 노력할 것을 다짐해 본다.

가정에서도 리더십이 필요하다. 어느 누구보다 가정을 사랑하고 책임감 있는 모범의 리더십을 보여 주신 부모님과 장인어른, 장모님께 항상 감사드린다. 나와 내 아내의 형제와 그 가족분들에게도 감사드린다. 바쁜 와중에도 여러 역할을 하며, 소중한 가정을 지켜 주고 있는 아내와 자신이 원하는 삶을 향해 멋지게 성장하고 있는 딸 규연이에게 늘 고맙고 사랑한다는 말을 전하고 싶다.

당장 내일 무슨 일이 일어날지 모르고, 예측 불가능한 방향으로 변해 가는 사회 속에서 하루하루 고군분투하고 있는 현재 리더와 예비 리더들에게 이 책 한 권이 한 줄기 빛이 되어 작은 도움이나마 되기를 바라는 마음을 담아.

2026년 3월
품격 있는 현재 리더, 예비 리더를 응원하며
저자 김민오 드림

차례

III. 리더의 의사소통과 구성원 지원

V. 리더의 자기 관리

VI. 리더의 성장과 브랜딩

I

리더의 성품

1

기본 매너를 갖춘다

"리더의 세련된 매너는
리더를 더욱 빛나 보이게 만든다."

누군가 만나고 나면 다시 보고 싶은 사람과 다시는 보고 싶지 않은 사람으로 구분할 수 있다. 그 차이는 어디에서 발생하는 것일까?

여러 가지 이유가 있겠지만, 가장 큰 이유 중 하나는 바로 '매너'일 것이다. 각자가 가진 매너는 타고난 개인 성향, 가정과 학교에서의 학습, 개인의 부단한 노력과 실천 등을 통해 형성된다. 모든 사람이 기본적인 매너를 갖추면 서로 비난하고 싸울 일이 훨씬 많이 줄어들 것이다. 그래서 자신이 매너를 갖췄거나, 갖추려고 노력하는 사람은 자신과 비슷한 성향을 사람들과 만남을 가지려고 노력한다.

리더 역시 예외가 아니다. 대다수의 구성원들은 기본 이상의 매너를 갖춘 리더와 함께 일하는 것을 선호한다. 그렇다면 리더는 구성원에게 어떤 매너를 갖춰야 할까?

첫째, 호칭을 정확하게 부르고, 반말하지 않는다. 이름이나 성과 함께 직급을 정확하게 부른다. 리더보다 아무리 나이가 적은 구성원이라고 할지라도 '야' 또는 '너' 이렇게 부르거나 친구나 동생을 부르듯이 이름만 부르는 것은 매우 적절하지 않다. 이것을 실천하지 않는 리더도 자기 나름대로 이유가 있다. 한참 나이가 어린 구성원과 친근하게 일하기 위해서이고, 나이 차이가 많이 나기 때문에 경어를 쓰는 것이 어색하다고 이유를 댄다. 구성원을 생각하는 척하지만 사실 리더가 하기 싫기 때문에 핑계를 대는 것으로 보인다. 이런 이유는 젊은 구성원들에게 전혀 통하지 않는다. 꼰대 리더가 되지 않기 위해서는 젊은 구성원에게도 경어를 써야 한다. 리더가 젊은 구성원을 존중할수록 구성원 또한 그런 리더를 더욱 존중할 것이다. 저음엔 어색하지만, 습관으로 자리 잡으면 구성원에게 반말을 할 때보다 훨씬 자연스럽고 편하다.

둘째, 다른 사람이 많이 있는 자리에서 업무와 관련 없는 구성원에 대한 개인적인 질문이나 평가 등을 하지 않는다. 리더라고 해서 구성원에게 개인적으로 민감한 질문을 해야 하는 권한이 있는 것은 아니다. 예를 들어, 이성친구가 있는지, 결혼이나 자녀 계획이 있는지 등은 당장 조직에서 일을 하는 데 있어서 큰 관계가 없다. 구성원을 칭찬하거나 걱정하는 척하면서 외모나 옷차림 등을 평가하는 것도 좋지 않다.

어떤 리더들은 구성원을 파악하기 위해서 위와 같은 질문을 하거나 평가하는 것이 가능하다고 생각하는데 이것은 잘못 생각하는 것이다. 더구나 해당 구성원만 있는 자리가 아니라 다른 구성원도 있는 자리에서 그런 질문을 하는 것은 리더로서 최악의 선택이라고 볼 수 있다. 리더가 대화를 이어 가기 위해서 별 뜻 없이 한 말도 해당 구성원에게는 오랜 기간 마음속에 남을 상처가 될 수 있다는 점을 명심해야 한다.

셋째, 리더로서 대접받으려고만 하지 않고, 구성원을 존중하는 구체적인 생활 속 행동을 실천한다. 예를 들어, 리더가 출입문을 먼저 열게 되면 자기만 들어온 다음에 닫지 않고, 뒤에 오는 구성원을 배려해서 출입문을 잘 잡아 준다. 식당에서 식사할 때 수저가 리더가 앉은 자리 가까이에 있으면, 수저를 구성원 자리에 놓아 준다. 식사할 때는 먹는 소리를 내면서 안하무인으로 식사하지 않는다. 업무를 하는 장소에 쓰레기가 떨어져 있거나 정리가 필요하면, 간단한 처리는 구성원에게 지시해서 시키기보다는 리더가 직접 할 수 있는 일은 직접 한다. 별로 어렵지 않은 리더의 실천이지만, 이런 실천은 구성원이 리더로부터 존중받고 있다는 느낌을 들게 한다.

매너가 사람을 만든다는 격언이 있다. 리더도 매너가 필요하다. 알고 있는 매너를 잘 실천하고, 다른 사람들로부터 좋은 매너를 발견하면, 바로 학습해서 실천해 보는 것도 좋다. 상황에 따른 구체적인 매너에 대해서 인터넷 검색, 유튜브, 독서 등을 통해서 학습하는 것도 좋은 방법이 될 것이다.

◆ 체크리스트 ◆

◆ 리더로서 상황에 알맞은 매너를 갖추고 있는가?

◆ 앞으로의 계획

2

칭찬하는 습관을 갖는다

❧

“리더의 칭찬이 구성원에게 주는
정서적 효과는 상상 이상이다.”

사람을 상대하는 일을 오래 하다 보면, 상대방의 장점보다는 단점이 눈에 띄는 경우가 많다. 리더의 역할을 하다 보면, 구성원의 단점이 더 크게 보이는 법이다. ‘A는 약속시간을 잘 못 지키는군.’, ‘B는 두서없이 말하는 습관이 있네.’

이런 단점은 한 번 인식되기 시작하면, 바꾸기가 어렵다. 어떤 때는 아무 일이 없는데도 A와 B의 얼굴만 마주쳐도 그 이미지를 떠올릴 수 있다. 그럼 리더로서 A와 B의 장점에 대해서는 생각해 보았을까?

리더는 자신과 함께하는 구성원 각자의 장점이 있다면, 그것을 당연한 것이라고 자연스럽게 받아들여서 따로 기억하지 못하는 경향이 있다. 단점은 기가 막히게 발견하여, 그 단점이 고쳐지기를 간절히 바란다. 단점이 고쳐지지 않으면, 어느 순간 리더나 구성원 자신에게 피해를 입힐 수도 있다고 생각하기 때문이다.

그래서 너무 걱정된 나머지 리더가 구성원을 따로 불러서 구성원의 단점에 대해서 언급하면 어떤 일이 일어날까? 그 단점이 바로 해결이 될까? 내 경험 또는 주위의 경험을 보면, 그 단점은 결국 해결이 잘 안 되고, 리더와 구성원 간의 서로 반감만 커지게 될 가능성이 높다. 겉으로는 '네네 알겠습니다.'라고 대답할 수 있다. 그러나 구성원의 입장에서는 리더 본인도 완벽하지 않으면서, 나의 단점을 지적하는 것을 달갑게 생각하지 않는다. 구성원도 개선하고 싶은데 마음먹은 대로 잘 안 되는 것일 수도 있다. 구성원의 단점을 보완할 수 있도록 리더가 실제적인 도움을 주지도 못하면서 지적만 하는 것은 오히려 말하지 않은 것만 못하다.

리더가 의도적으로 구성원의 장점에 대해서 칭찬하는 것은 어떨까? '리더나 구성원이나 다 큰 성인인데 애들도 아니고, 리더가 구성원에게 칭찬하는 것이 별 의미가 있나? 민망하기만 한 것은 아닌가?'라고 생각이 들 수도 있다.

하지만 나는 이것은 칭찬을 주고받은 경험이 없는 사람들의 큰 착각이라고 생각한다. 칭찬이 주는 정서적인 힘은 정말 대단하다. 리더가 구성원에게 'A님, 바쁘신데 ~를 도와주셔서 감사합니다.', 'B님이 주도해 주신 덕분에 성공적으로 C프로젝트를 마칠 수 있었습니다. 정말 고맙습니다.' 등과 같은 리더의 한마디는 구성원에게 감동과 동기부여를 불러일으킬 수 있다. 다음 기회에도 더 잘해 봐야겠다는 생각이 들게 할 것이다.

리더가 칭찬하는 습관을 갖는 것이 처음에는 어색할 수 있다. 특히 칭찬을 받는 구성원이 별 대답 없이 겸연쩍은 표정을 짓고 있으면, '역시 칭찬은 무리인가'라는 생각이 들 수 있다. 그래도 포기하지 않고, 여러 구성원들에게 칭찬할 거리를 찾아서 칭찬하는 습관을 갖는다면, 칭찬하는 리더 본인의 모습에 모두가 점점 익숙해질 것이다. 그리고 좋은 리더로 인정받을 수 있을 것이다. 구성원들에게는 일 잘하는 리더만큼이나 칭찬을 잘하는 리더가 더 필요하다.

칭찬이 없는 조직은 무미건조할 수밖에 없다. 어차피 일이라는 것은 하나가 끝나면, 다른 하나가 밀려오는 법. 일이 잘 마무리될 때마다 칭찬과 격려를 아끼지 않는다면, 다녀 볼 만한 직장이 될 것이다.

◆ 체크리스트 ◆

◆ 구성원의 장점을 발견해 구체적으로 칭찬하는가?

◆ 앞으로의 계획

3

구성원에게 감사함을 표현한다

⌒

"리더가 구성원에게 감사함을 표현하는 것은
조직을 단단하게 만든다."

여러분이 '리더' 하면 떠올리는 이미지는 무엇인가? 그 이미지는 각자 조금씩 다를 것이다. 내가 떠올렸던 리더의 이미지는 구성원의 앞에서 주도적으로 연설을 하는 모습, 집무실에서 골똘히 어떤 일에 대해서 고민하는 모습 등이었다.

그런데 실제로 개인적인 경험을 통해 리더가 되어 느낀 점은 리더가 구성원 앞에서 말을 길게 하는 것보다는 구성원에게 자주 감사함을 표현하는 것이 더 효과적이라는 것이다.

처음 리더가 되었을 때는 내 앞가림을 하느라 내 주변과 구성원이 하는 일이 시야에 들어오지 않는다. 그런데 시간이 지나면서 리더 역할 수행에 대한 여유가 생기면, 리더 주변과 구성원이 하는 일이 눈에 들어오기 시작한다. 그다음에 리더가 해야 할 일은 무엇인가?

리더는 구성원의 장점과 노력을 찾아 칭찬해야 한다. 그리고 구성원에게 진심으로 감사해야 한다. 왜 리더는 구성원에게 감사해야 하는

올라운드 리더십

가? 구성원이 존재하기 때문에 리더 역할을 할 수 있기 때문이다. 리더로만 구성된 조직은 있을 수 없다. 구성원들만 있는 조직도 있을 수 없다. 처음에는 구성원만 모였더라도, 결국 그 구성원 안에서 리더가 생길 수밖에 없다.

리더가 처음에 구성원에게 감사함을 표현하는 것이 어색할 수 있다. 그런데 처음에만 어색하고 그다음부터는 점차 자연스러워짐을 느낄 수 있다. 나의 경우, 계속 감사하다는 말을 함으로써 정말 구성원에 대한 감사한 마음이 짙어지게 됨을 스스로 느낄 수 있었다.

구성원의 입장에서는 어떤 변화가 있을까? 이전에는 리더로부터 아무런 피드백 없이 당연하게 내가 하는 일이고 별다른 느낌 없이 해 왔던 일이 리더로부터 감사하다는 표현을 받게 되면, 나를 알아주는 리더에게 구성원 또한 고마움을 느끼면서 기분 좋게 일을 수행할 수 있게 된다.

지금까지 살펴본 것처럼 리더가 구성원에게 감사함을 표현해서 나쁠 것이 하나도 없다. 처음 조금 어색한 거? 몇 번 하다 보면 리더와 구성원이 서로 익숙해진다. 리더가 구성원에게 감사함을 표현하는 것이 익숙해진 조직은 이전보다 서로를 더 신뢰하게 될 것이다. 이러한 신뢰를 서로에게 심리적 안전감을 줌으로써, 일이 잘될 때는 더 잘되게 하고, 일이 위기 상황일 때는 잘 극복할 수 있는 문화가 될 것이다.

다만 리더가 감사함을 표현하면서 유의해야 할 사항은 지나치게 형식적이면 안 된다는 점이다. 감사함을 잘 표현하기 위해서는 구성원이 하는 일에 대해서 관심을 가지고, 유심히 구성원을 관찰해야 한다. 또한, 리더는 감사함을 다양하게 표현하는 방법에 대해 연구해야 한다.

조직에서 당연하게 되는 일은 없다. 누군가의 수고가 있기 때문이다. 리더는 구성원의 존재와 그들이 하는 일에 대해 감사한 마음을 가지고, 아낌없이 칭찬을 해 주어야 한다.

◆ · 체크리스트 · ◆

◆ 구성원의 작은 도움에도 잊지 않고 감사함을 표현하는가?

◆ 앞으로의 계획

올라운드 리더십

4

긍정적인 언어를 사용한다

리더의 자리로 올라갈수록 눈치를 덜 보게 된다. 이 현상 자체는 자연스럽기 때문에 나쁘게만 볼 수 없다. 그런데 눈치를 덜 보게 됨으로써 리더 스스로 언어 습관을 돌아볼 기회가 적어진다는 것은 추후 문제로 연결될 수 있다.

리더의 언어 습관과 관련하여 대표적인 문제 중의 하나는 '부정적인 언어'를 사용하는 빈도가 높다는 점이다. 물론 그렇지 않은 리더도 있지만, 대체로 리더가 '부정적인 언어'를 사용하는 대표적인 이유를 2가지로 분류할 수 있다.

첫째, 부정적인 언어를 사용하여 구성원들에게 경각심과 긴장감을 주면, 일이 제대로 진행될 수 있다고 믿기 때문이다. 이러한 마인드의 리더는 어떻게 하면 구성원들의 문제점이 없는지 관찰하여 발견하는 것에 집중하는 성향이 있다.

둘째, 별다른 생각 없이 하는 부정적인 언어 사용이 습관이 되었기 때문이다. 이러한 성향의 리더는 말하기 전에, 그 말이 구성원과 조직에 미칠 수 있는 영향에 대해서 생각하지 않는다. '뇌를 거치지 않고 말한다.'라는 표현이 적절할 것이다.

그렇다면 '리더가 부정적인 언어를 사용하는 것이 도대체 어떤 문제인가'라고 생각하는 사람이 있을 수 있다. 누구나 부정적인 언어를 사용할 수 있는 것인데, 리더 또한 다른 사람들처럼 부정적인 언어를 사용할 수 있는 것 아닌가?

리더의 부정적인 언어 사용은 조직에 여러 가지 문제를 초래할 수 있다.

첫째, 구성원의 기운을 빠지게 한다. 리더는 별생각 없이 이야기했을지라도, 설사 부정적인 표현의 대상이 구성원이 아니더라도 리더가 계속 부정적인 언어를 사용하는 것을 들으면 불쾌한 기분이 든다.

둘째, 즐겁게 일할 마음이 사라진다. 일하는 공간이 밝은 느낌이 들어도 일을 열심히 해 볼까 말까 하는 상황에서 리더로부터 부정적인 언어를 듣게 되면, 더 이상 일을 잘해 볼 마음이 싹 가신다. 어떻게든 일을 더 발전적으로 하기보다는 면피하는 수준으로 마무리하게 만든다.

셋째, 부정적인 언어를 사용하는 리더와 함께 근무하고 싶지 않기 때문에 기회를 만들어 기관(부서)을 옮기려고 노력하게 된다. 리더로서는 이 부분이 가장 치명적일 수 있다. 일의 성과와 리더의 승진 등도 중요하지만, 자신과 함께 근무하고 싶은 구성원이 없다는 사실은 정말 슬픈 일이다.

위와 같은 이유로 리더는 부정적인 언어보다는 긍정적인 언어를 사용하기 위해 노력해야 한다. 간혹 리더 중에 '내가 일부러 부정적인 언어를 사용하려는 것이 아니라 일어난 사실 자체가 부정적일 때는 사실 그대로를 나타내기 위해 부정적인 언어를 사용하는 것이다.'라고 주장할 수 있다.

부정적인 상황에 대해서 말할 때도 가급적이면 긍정적인 언어를 사용해서 표현하는 것이 좋다. 몇 가지 예를 들면, '다음에는 좋은 기회가 있겠지요.', '우리가 알지 못하는 사정이 있지 않을까요?' 등이 해당한다.

리더가 긍정적인 언어를 사용하면, 앞서 설명했던 부정적인 언어를 사용할 때와 반대의 효과가 나타날 것이다. 첫째, 구성원의 사기를 진작시킨다. 둘째, 즐겁게 일할 마음이 든다. 셋째, 리더와 오랜 기간 함께 일하고 싶어진다. 이러한 효과를 생각한다면 의도적으로 연습을 해서라도 긍정적인 언어를 사용할 수 있도록 충분히 노력할 만하다.

리더로 올라갈수록 자신의 언어 습관에 대해서 피드백을 받을 기회가 적어진다. 구성원에게 피드백을 부탁해도 굳이 솔직하게 하는 사람이 별로 없다. 따라서 리더 자신이 스스로 긍정적인 언어를 사용하고 있는지 성찰할 필요가 있다. 하루 단위로 오늘 했던 말을 돌아보는 습관이 가장 효과적이다. 하루 중 부정적인 언어를 사용했던 순간이 있다면 그때 왜 그런 언어를 사용했는지 생각해 보고, 다음에 그와 비슷한 상황에서 어떻게 긍정적인 언어로 사용할 수 있는지까지의 대안을 마련한다면, 리더의 긍정적인 언어 습관 형성에 도움이 될 것이다.

◆ 부정적인 상황에서도 긍정적인 언어로 대안을 제시할 수 있는가?

◆ 앞으로의 계획

5

생각하고 나서 신중히 말한다

조직에서 소통의 과정이 중요하다. 소통이 제대로 이뤄지지 않으면, 일이 제대로 되지 않는다. 일이 제대로 되지 않으면, 서로에 대한 불신과 오해가 쌓인다.

소통이 제대로 되기 위해서는 리더와 구성원 모두 마음이 열려 있어야 한다. '심리적 안전감'이 있는 조직은 소통하는 과정에서 서로 확인하거나, 질문하는 것에 대해서 두려움이 없다. 반대로 '심리적 안전감'이 없는 조직은 서로 확인하거나 질문하는 것에 대해서 불편해하거나 불쾌해한다. 일이 제대로 될 수가 없다. 이런 일이 반복되면, 조직을 떠날 생각을 히는 구성원이 점차 많아질 것이다.

'심리적 안전감'의 형성을 위해서 여러 요소가 작동되겠지만, 그중에서 가장 중요한 것 중 하나가 리더의 태도이다. 특히, 리더의 언어 습관이 결정적이다. 리더가 평소에 어떻게 말하느냐에 따라서 조직의 소통 문화가 달라질 것이다. 그렇기 때문에 리더는 말을 할 때, 생각나는 대로 말할 것이 아니라, 생각하고 나서 말하는 습관을 가져야 한다.

그럼 리더는 하고 싶은 말이 있을 때, 어떤 생각을 먼저 하고 말해야 할까?

첫째, 긍정적인 표현으로 말한다. 같은 표현이라도 부정 언어보다는 긍정 언어를 사용한다. '~하지 마세요.', '~는 안 됩니다.'로 끝나는 말보다는 '~로 하는 것이 어떨까요?', '~지만 이해를 부탁합니다.' 등으로 말하는 것이 좋다. 굳이 부정 언어는 안 쓰는 것이 좋다. 부정 언어가 직관적으로 강조하여 이해시키는 것에는 좋은 점이 있지만, 이런 언어를 듣는 구성원 입장에서는 반복될 경우 심리적 피로도가 높아질 것이다.

둘째, 꼭 해야 할 말인지 생각하고 말한다. 리더의 언어 습관을 모니터링해 줄 사람이 주변에 없는 것이 사실이다. 구성원 중에는 리더의 언어 습관에 대해서 각자 판단을 하고 있지만, 좋은 판단이 아니라면 굳이 그 의견을 리더에게 말하지 않는다.

리더의 언어 습관이 모니터링되지 않다 보니, 리더는 점점 생각나는 대로 말해도 괜찮을 것이라고 짐작한다. 리더는 자신이 말하는 과정에서 구성원의 반응을 살펴볼 필요가 있다. 가끔씩은 신뢰하는 구성원에게 자신의 언어 습관에 대해서 어떤지 의견을 물어보는 것도 바람직하다.

이런 과정을 거치면, 꼭 해야 할 말 위주로 말하는 습관을 가질 수 있다. 비슷한 얘기를 반복하거나, 이미 리더 의견이 구성원에게 전달됐는데 늘어지게 말하지 않아도 된다. '말이 많아질수록 쓸 말이 없다.'라는 격언에 대해서 리더는 명심해야 한다. 말이 많아질수록, 구성

올라운드 리더십

원에게 의미 전달이 안 될 가능성이 높다. 리더로서 짧은 시간 내에 핵심만 말하는 연습을 꾸준히 하자.

셋째, 구성원의 감정을 살피면서 말한다. 리더가 구성원에게 아무리 사실이나 논리적으로 맞는 말을 하더라도 그 말이 구성원의 감정을 상하게 하는 말이라면, 구성원은 리더에게 부정적인 감정을 갖게 된다. 구성원의 감정에는 맞고 틀리고가 없다. 감정이 안 좋으면 그냥 안 좋을 뿐이다. 따라서 리더로서 구성원의 행동이나 일의 결과에 대해서 지적하는 말을 해야 할 경우에는 말하기 전에 이 말을 들은 구성원의 감정이 어떨지 생각하고, 감정이 상하지 않는 말을 전한다.

리더도 사람이기 때문에 매 순간 생각하고 나서 신중하게 말하는 것이 어렵고 피곤할 수 있다. 하지만 이러한 과정을 불편하게 생각하지 않고, 리더로서 숙명이라고 인식하면 좋겠다. 리더가 신중하게 말하는 습관을 가지면, 구성원들도 리더의 영향을 받아서 점차적으로 신중하게 말하는 습관을 가지게 될 것이다. 그럼 조직 문화는 서로 존중하며 말하는 분위기가 형성될 가능성이 높다.

◆ 체크리스트 ◆

◆ 감정에 휩쓸리지 않고, 구성원에게 신중히 말하는가?

- -

◆ 앞으로의 계획

- -

6

비교하지 않는다

'인생은 태어나면서부터 불공평하다.'는 말에 대해서 여러분은 어떤 입장인가? 세상살이가 길어질수록 이에 대해서 실감하는 일이 많아지는 것이 사실이다. 그렇다고 대강 살 수는 없는 것 아닌가? 태어난 김에 최선을 다해서 살아 보는 삶의 자세가 바람직하다고 생각한다.

최선을 다해서 살아가는 과정에서 중간중간 힘이 빠지게 되는 경우가 있는데, 바로 비교의 순간이다. 아무리 삶에는 정답이 없고, 각자의 삶이 있다고 말해도 자의 또는 타의에 의해서 비교하거나 비교되는 순간에는 주로 부정적인 감정이 든다. 부정적인 감정이 드는 이유는 나보다 처지가 나아 보이는 상대와 비교를 하기 때문이다.

자신보다 재산이 많거나, 능력이 좋거나, 건강하거나, 외모가 뛰어나거나, 출세하거나 등 모든 분야에서 완벽한 사람이 아닌 이상, 분명히 사람마다 약점이 있을 텐데, 자신의 약점을 다른 사람의 강점과 비교해서 스스로 자책하는 경우가 많다. 솔직히 지금 이 글을 쓰고 있는 나도 가끔 그렇다.

'비교는 불행의 씨앗이다.'라는 말이 있다. 일상의 많은 일들을 굳이 비교해서 자신을 괴롭히는 일을 피해야 한다. 리더의 자리에 있는 경우, 여러 구성원들을 평가하는 과정에서 자연스럽게 비교하게 된다. 이때 구성원 간에 비교하여 평가하기보다는 구성원별로 가지고 있는 강점을 떠올리고, 이를 더 성장시킬 수 있는 경험을 제공하는 방향으로 노력해야 한다.

리더일수록 개별 구성원에 대한 약점을 먼저 떠올릴 가능성이 높다. 단점을 귀신같이 찾아낸다. 'A는 이것만 고치고, B는 저것만 고치면 좋을 텐데.'라고 리더 입장에서는 구성원 업무 방식 개선의 필요성을 느끼는 부분도 있겠지만, 강점 강화를 통해서 약점이 보완되는 방향으로 리더 역할을 수행하는 것이 좋다. 리더가 구성원에게 비교를 통해 반복적으로 약점을 지적한다고 해서 보완되기는 쉽지 않다. 오히려 리더와 구성원 사이의 관계만 악화될 것이다.

리더 또한 단점이 있다. 리더가 자신에게는 관대하고, 구성원에게는 완벽을 강요하는 것은 곤란하다. 리더와 구성원 모두 완벽할 사람이 될 수는 없다는 사실을 인지하고, 비교를 초월한 리더십을 발휘하는 것이 바람직하다. 리더가 이러한 리더십을 발휘할수록 주변에 좋은 구성원이 모일 것이다. 또한, 평판이 좋지 않았던 구성원도 비교가 아닌 장점 위주의 긍정적인 피드백을 받게 되면, 점차 나은 모습을 보일 가능성이 높다.

리더가 구성원에 대해서 비교하고 싶은 유혹을 참아 낼수록, 조직의 분위기가 부드러워지는 것은 물론, 리더 자신의 평판이 더욱 좋아질 것임을 명심해야 한다.

올라운드 리더십

◆ 체크리스트 ◆

◆ 타인과 비교하여 구성원의 자존감을 깎아내리지 않는가?

◆ 앞으로의 계획

7

업무 시간을 명확하게 구분한다

너무나 당연한 말을 진지하게 하다 보면 의아한 경우가 있다. 예를 들면, 업무 시간 내에 업무를 하고, 업무 시간을 벗어나면 업무할 의무가 없다는 것은 당연하다.

모두가 이 사실을 알고 있다. 그런데 가끔 리더 중에서 업무 시간이 아닌데, 구성원에게 업무 지시를 하는 사례가 있다. 업무 시간 이외에 리더의 업무 지시를 초과근무로 인정하거나 갑질로 처리해야 한다는 내용이 사회적으로 이슈가 된 적이 있다. 왜 이런 일이 일어나는 걸까?

여러 가지 이유가 있겠지만, 리더의 업무 시간에 대한 인식 부재가 가장 큰 이유이다. 리더가 구성원에 대해서 얼마나 어떻게 존중하고 있는가 또한 업무 시간이 아닐 때 지시 여부를 통해 알 수 있다.

리더가 지금 업무 시간인지 아닌지 구분하지 못하고, 자신이 생각날 때마다 이 내용을 잊기 전에 구성원에게 업무 지시를 하는 경우가 있을 수 있다. 이는 구성원을 존중하지 못하는 리더의 사례이다. 리더가 업무 시간이 아닌데 연락해서 미안하다는 말을 하면서 업무 지시를 하는 것은 구성원의 입장에서 리더가 말로만 형식적으로 미안하다고 하는 것으로 느껴질 뿐이다. 정말 미안할 것 같으면, 리더는 그 내용을 잘 기억했다가 다음 업무 시작 시간에 지시하면 될 일이다.

다만 부득이하게 업무 시간 이외에 연락할 일이 생길 것으로 사전에 예측되는 경우에는 리더가 미리 구성원에게 동의를 구해야 한다. 그것도 리더가 정말 꼭 그렇게 연락해야 하는 상황인지 스스로 먼저 점검해 봐야 한다.

리더가 업무 시간 구분 없이 일을 열심히 하는 것을 무조건 좋다고만 볼 수 없다. 그리고 구성원이 일에 관해서 리더와 같은 생각과 마음일 것이라고 예상하는 것은 더욱 바람직하지 않다.

리더와 구성원이 업무 시간을 명확하게 구분해서 일하는 문화를 조성하는 것은 결국 서로를 그만큼 존중한다는 의미로 해석할 수 있다. 그런 존중이 궁극적으로 리더와 구성원 모두 주어진 업무 시간에 더욱 집중해서 일할 수 있는 배경을 만들어 줄 것이다.

◆· 체크리스트 ·◆

◆ 업무 시간이 아닐 때, 구성원에게 연락하는가?

◆ 앞으로의 계획

 올라운드 리더십

8

아무 때나 일 이야기를 하지 않는다

"일하는 장소가 아닌 곳에서는
업무 모드를 켜지 말자."

일 이야기는 일하는 시간에만 한다. 업무 시간이 아닌 시간에는 매우 시급하지 않다면, 구성원과 일 이야기를 하지 않아야 한다. 휴식 시간, 점심시간, 친목 행사 시간에서 구성원을 붙잡고 시급하지 않은 일 이야기를 하는 리더는 구성원의 입장에서 정말 매력 없어 보인다. 이런 일이 계속 반복되면, 더 이상 함께 일하고 싶지 않은 리더가 된다.

리더는 구성원들보다 업무와 관련하여 여러 경험이 많고, 이에 따라 업무를 대하는 민감도가 상대적으로 높다. 그래서 구성원을 만날 기회가 있을 때마다, 세부적인 지시를 하고 싶은 충동을 느끼게 된다. 그래서 때와 장소와 관계없이 구성원을 만날 때마다 업무에 관한 지도 조언을 하는 것에 대해 리더 스스로 자신이 프로페셔널에 가깝다고 생각하는 경우가 있다.

이런 상황에 대해서 반대로 구성원의 입장에서 생각해 보자. 예를 들어, 업무 시간이 아닌 시간에 리더와 함께 회식을 하거나 어떤 모임에 참여하고 있는 상황인데, 갑자기 리더가 자료를 보면서 이야기해야 할 정도로 깊이 있는 업무 이야기를 한다면, 구성원은 리더에 대해서 무슨 생각을 할까? 그 구성원은 업무 시간 이외에도 리더와 함께 시간을 보내고 싶을까? 아니면 자리를 피하게 될까?

예전 나의 경험이 떠오른다. 장교로 군생활을 할 때, 상급자분과 함께 체육활동을 하는 상황이었는데, 업무와 관련한 고민이 떠올라서 내가 갑자기 그 업무 고민과 관련한 내용을 공유 및 보고하게 되었다. 그분은 보고하는 내용을 잘 들어 주시고, 일단 알겠다고 하시더니 나중에 사무실에 들어가서 논의하자고 하셨다. 그리고 다시 운동에 집중하셨고, 실제로 나중에 사무실에 가서 논의하여 해결했다.

그때 깨달았다. 업무 이야기는 업무하는 장소에서만 하는 것이 좋겠구나. 그날 이후부터 리더 역할을 수행하고 있는 지금까지도 업무 장소가 아닌 곳에서 업무 생각이 자꾸 떠올라도 스위치를 업무 모드로 켜지 않도록 유의했다. 지금은 습관이 되어서, 업무 모드와 비업무 모드를 스스로 잘 관리하고 있다고 믿고 있다.

리더는 바쁘기 때문에 일에 대해서 생각났을 때, 구성원을 만나면 지시하고 싶은 충동이 들 수 있다. 하지만 리더로서 이러한 충동을 잘 관리하는 것이 구성원 입장에서 리더를 평가하는 결정적인 요소 중에 하나가 될 것임이 분명하다. 또한, 리더 스스로를 위해서도 업무 모드를 아무 때나 켜지 않는 것이 심신의 건강 유지를 위해서 바람직하다.

앞으로 때와 장소를 가려서 구성원과 업무 논의를 하는 리더가 더 많아지기를 진심으로 바란다.

◆ 업무시간이 아닐 때, 구성원과 구체적인 업무 협의를 하는가?

I. 리더의 성품

◆ 앞으로의 계획

9

화난 감정을 표현하지 않는다

기쁜 감정만 느끼면서 살고 싶지만, 아쉽게도 현실은 그렇지 않다. 리더의 경우, 일을 통해서 성과를 통해 기쁠 때도 있지만, 잘못된 일이나 구성원의 태도로 인해서 화가 날 때도 있다.

좋은 일에 대해서는 리더가 얼마든지 기쁨을 표현해도 무리가 없다. 어떤 순간에는 구성원의 사기진작을 위해서 리더가 실제 느낀 기쁨보다 더 크게 기쁨을 표현할 수 있다. 이런 표현은 조직을 운영하는 데 있어서 긍정적인 작용을 할 수 있다.

항상 분위기가 좋고, 기쁜 일만 있으면 얼마나 좋을까? 그럼 반대로 일이 잘못되거나 구성원의 태도 등으로 인해 리더가 화가 날 때는 어떻게 해야 하는가? 기쁨을 자연스럽게 표현하듯이 화 또한 화가 나는 대로 자연스럽게 표현하면 되는 것일까?

그렇지 않다. 화가 나는 대로 표현해서는 안 된다. 보통 사람들도 가족, 친구, 직장 동료에게 화를 내면, 그 사람 주변에 있다가 결국에는 완전히 곁을 벗어나기 마련이다.

하물며 리더가 화를 내면 어떤 일이 벌어질까? 리더의 권위 때문에 리더 앞에서 구성원들은 별다른 반응을 안 보일 수도 있다. 하지만 구성원들의 속마음은 다양하게 나타날 것이다. 예를 들면, 리더와 똑같이 감정적으로 화가 나거나, 리더가 리더답지 못하다고 무시하거나, 리더 곁을 떠날 계획을 세우게 되는 계기가 될 수 있다. 이 정도만 해도 다행일 수 있다. 요즘은 화내는 리더를 조직의 감사부서에 갑질로 신고하거나, 신체적 폭력이 수반하는 경우에는 경찰에 곧장 신고하는 사례도 늘어나고 있다고 한다.

리더도 사람이기 때문에 화가 아예 안 날 수 없다. 하지만 리더라면 그 화를 잘 관리해야 한다. 화를 관리하는 몇 가지 방법을 소개한다.

첫째, 심호흡을 하고 숫자를 센다. 먼저 심호흡을 3번 정도 하고, 숫자를 10까지 센다. 그렇게 화를 가라앉히고, 스스로 생각할 시간을 번다. 짧은 시간이라도 생각하면, 화를 안 내야 하는 이유나 화를 삭일 수 있는 문제해결 방법을 떠올릴 수 있다.

둘째, 지금 당장 화를 낸다고 해서 문제 상황이 해결되는 것은 아니라는 것을 인식한다. 화를 내면, 그 순간의 화난 감정이 해소되는 것처럼 보이지만, 실제로는 그 화를 낸 것 때문에 문제 상황은 더 어려운 국면으로 향할 가능성이 높다. 오히려 리더가 화를 안 내고 차분한 모습을 보이면, 시간이 지나면서 자연스럽게 생각보다 문제 상황이 쉽게 해결되는 경우가 많다.

셋째, 리더 자신도 과거에 잘못한 경험이 있었고, 앞으로도 실수해서 언제든지 구성원들을 화나게 할 수 있다고 생각해 본다. 리더이든 구성원이든 사람은 누구나 잘못이나 실수할 수 있고, 이런 상황이 오히려 전화위복의 기회가 될 수 있다고 믿는 태도를 가진다. 위기 상황에서 리더의 포용력은 구성원들에게 리더에 대한 긍정적인 이미지를 형성할 수 있도록 해 줄 것이다.

리더가 화를 내면 그 누구보다 리더 자신에게 더 해로울 수 있다. 화를 자주 내면 건강에도 부정적인 영향을 준다는 연구 결과가 있다. 요즘은 '다혈질'이라는 말을 잘 안 사용하는데, '다혈질'인 리더 중에 장기적으로 건강한 사람은 주변에서 찾아보기가 어렵다. 그리고 그런 리더 주변에는 사람이 모이지 않는다.

화난 감정을 잘 관리하다 보면, 나중에는 점점 화날 일도 별로 없을 것이다.

◆· 체크리스트 ·◆

◆ 화가 날 때, 즉각적으로 감정을 쏟아 내지 않고 조절하는가?

◆ 앞으로의 계획

10

약간의 손해는 감수한다

"영원한 손해도, 영원한 이익도 없다."

사람은 본능적으로 손해 보는 것을 싫어한다. 나에게 이익되는 일이 좋은 것은 당연하다. 그런데 사람들이 모여서 살다 보면, 서로 이익과 손해를 주고받을 수밖에 없다. 인생 자체가 이익과 손해를 반복하는 과정이라고 정의할 수 있다.

그렇다면 리더 입장에서 이익과 손해와 관련해서 어떤 자세를 가져야 할까? 리더니깐 우선적으로 이익을 추구해도 되는 것인가? 구성원의 이익과 연결된다면 리더가 손해를 보는 것이 맞는 것인가?

정답은 없다. 리더가 상황에 맞게 이익이나 손해를 선택하면 된다. 리더는 구성원과 다르게 우선적으로 선택권이 주어지는 경우가 많나. 리더와 구성원 모두가 다 같이 이익을 보는 방향의 선택이라면 고민할 필요도 없다. 하지만 이익의 총량이 정해져 있고, 이를 리더와 구성원이 나눠야 한다면, 리더가 약간 손해를 보더라도 구성원이 이익이 되었다고 인식할 수 있게끔 하는 결정이 좋다고 생각한다.

이 결정은 결국 리더에게 손해라고 생각할 수 있지만, 장기적인 상황에서는 리더에게 이익이 될 수 있다. 구성원에게 이익이 돌아가는 경우가 많으면, 이 리더에 대한 긍정적인 인식이 생길 가능성이 높기 때문이다. 구성원의 업무 수행 수준 또한 높아질 수 있다. 리더 입장에서는 구성원 업무 수행 능력 향상을 통해서 이익을 가질 수 있다. 리더와 함께하겠다는 구성원이 많아질수록, 좋은 구성원이 모인 조직을 만들 가능성 또한 높다.

반대로 리더가 구성원들이 자신에게 오기를 기대하는 이익을 주지 않고, 자신이 가져가는 것은 장기적으로 구성원이 리더 곁을 떠나가게 하는 원인이 될 수 있다.

'당장의 이익이 곧 손해가 되며, 당장의 손해가 곧 이익이 된다.'라는 격언을 명심하고, 리더일수록 구성원과 함께 이익을 나누는 습관을 갖자.

◆· 체크리스트 ·◆

◆ 조직의 이익을 위해 리더로서 작은 손해를 감수하는가?

- -

◆ 앞으로의 계획

- -

11

칭찬이나 비난에 일희일비하지 않는다

"리더의 시야는
구성원의 시야보다 넓어야 한다."

리더는 언제나 구성원들의 주목을 받는다. 구성원들은 리더의 말과 행동에 귀를 기울인다. 그 이유는 리더의 말과 행동은 조직의 분위기에 큰 영향을 주는 것은 물론 자신들이 추진해야 하는 일의 목적, 방향 등을 결정하기 때문이다.

따라서, 구성원들은 자신들이 원하는 방향으로 말과 행동을 하는 리더에 대해서 칭찬한다. 반대로 구성원들이 원하지 않는 방향으로 말과 행동을 하는 리더에 대해서는 비난한다.

대부분의 리더들도 구성원들이 원하는 대로 말과 행동을 하고 싶다. 구성원들에게 칭찬과 인정을 받고 싶다. 하지만 매번 그럴 수는 없다. 왜? 리더는 구성원이 아니기 때문이다.

리더가 구성원의 심리를 이해하는 것과 리더가 구성원이 원하는 대로 일을 하는 것은 다른 차원의 문제이다. 만약, 리더가 깊은 고민 없이 구성원이 원하는 방향대로만 일을 추진해도 전혀 문제가 없다면,

그 조직은 굳이 리더가 필요 없는 조직이다. 그런데 그런 조직이 과연 있을 수 있을까? 있다고 하더라도 오랜 기간 유지할 수 없을 것이다.

리더는 조직을 위해서 구성원이 보지 못하는 것을 볼 수 있어야 한다. 리더가 구성원보다 넓은 시야와 높은 관점을 가지고 일을 추진해야, 그 조직이 유지 및 발전할 수 있다. 그 과정에서 구성원에게 어떤 일을 지시하게 되면, 구성원들은 리더에 대해 반감을 가지고 비난할 수 있다. 대부분의 사람들은 지금까지 그래 왔던 것처럼 관성대로 살고 싶어 하기 때문이다. 구성원들은 본능적으로 변화를 싫어하고 거부한다.

리더가 구성원의 비난이 두려워서 새로운 일을 추진하지 못하거나, 업무 지시를 하지 못해서는 안 된다. 리더는 구성원의 비난을 감수하고서라도 해야 할 일은 해야 한다. 해야 할 일을 완수한 이후에 그 일의 효과를 구성원들이 인식한다면, 구성원들은 리더의 안목에 대해서 높이 평가하고, 리더에 대한 신뢰를 쌓게 될 것이다.

또한, 리더는 구성원들의 비난뿐만 아니라 칭찬에 대해서도 유의해야 한다. 사람이라면 누구나 칭찬을 듣고 싶어 하고, 칭찬을 들으면 기분이 좋다. 리더가 일을 하는 것은 구성원에게 칭찬을 받기 위해서가 첫 번째 이유가 되어서는 안 된다는 것을 명심해야 한다.

구성원들이 리더가 칭찬을 좋아하고 이에 대해서 리더가 반응한다는 인식을 가지게 되면, 구성원들은 리더에 대한 칭찬을 통해 구성원의 뜻대로 리더를 움직이게 하려는 시도가 있을 수 있기 때문이다. 리더는 기본적으로 구성원들이 리더 자신 앞에서 칭찬하는 것을 곧이곧

 올라운드 리더십

대로 진실이라고 믿어서는 곤란하겠다. 칭찬에 대해서 겸손하게 감사 표시를 하더라도, 구성원들이 리더를 칭찬하는 배경과 의도가 무엇인지 읽을 필요가 있다.

무엇보다 리더 스스로 자신의 철학과 신념을 가지고 일을 추진하려면, 구성원들의 칭찬과 비난에 일희일비하기보다는 어느 정도 초연해야 한다. 일을 하는 과정에서 리더와 구성원과의 소통이 물론 중요하지만, 결국 리더의 최종 판단에 따라 조직의 성패가 달릴 가능성이 높다는 사실을 인지해야 하겠다.

◆ 체크리스트 ◆

◆ 타인의 평가(칭찬, 비난)를 듣고, 평정심을 유지하는가?

◆ 앞으로의 계획

12

감언이설에 넘어가지 않는다

리더가 되면 달라지는 점 중에 하나는 칭찬을 자주 듣게 된다는 점이다. 리더 주변에 리더를 칭찬하는 사람이 많아진다. 칭찬을 듣게 되면, 보통 기분이 좋아지지 기분이 나빠지는 사람은 없을 것이다. 그렇다면 리더가 되면 왜 칭찬을 많이 듣게 되는 것일까?

첫째, 리더에게 권한이 많기 때문이다. 권한이 많은 사람과 원만한 관계를 유지해서 손해 볼 일이 없다. 리더에게 구성원이 스스로 좋은 인상을 갖도록 관리하면, 결정적인 순간에 도움을 받거나, 원하는 자리에 추천받을 일이 생길 수도 있다. 구성원이 아닌 외부 사람도 마찬가지이다. 리더와 가까워진 이후에 리더의 권한을 통해 얻는 자신의 이득과 그 가능성을 계산하게 된다.

둘째, 리더와 닮고 싶기 때문이다. 요즘은 리더를 기피하는 현상이 강화되고 있기는 하지만, 그래도 리더 자리는 선망의 대상이기도 하다. 리더의 자리까지 오른 사람에게는 나와는 다른 무언가가 있을 것이라고 기대하게 된다. 리더와 가까워지게 되면, 사고방식과 행동 등에 영향을 받아 닮아질 수도 있겠다고 예상해 볼 수 있다.

대체로 위의 두 가지 이유로 리더는 주변으로부터 칭찬을 듣게 된다. 칭찬의 정도를 많이 넘어서면, 아부로 넘어가게 된다. 리더는 자신에게 하는 아부를 자주 듣게 되면, 처음에는 아부로 생각했던 것을 어느 순간부터 자연스럽게 칭찬으로 여기게 된다. 리더는 명백히 아부인데 칭찬으로 스스로 인식하게 되는 과정에 유의해야 한다.

리더는 자신에게 하는 칭찬을 듣고, 기분 좋아하고 자신을 칭찬하는 구성원과 가깝게 지내야겠다는 생각만 할 것이 아니다. 왜 해당 구성원이나 외부 사람이 이 타이밍에 나에게 갑자기 칭찬을 하는지 구성원이나 외부 사람의 입장에서 생각해 봐야 한다. 자신에 대한 칭찬을 순수하게만 받아들이지 말자. 정말 말 그대로 리더를 기분 좋게 하는 것에만 목적이 있을까?

리더가 곧이곧대로 칭찬을 받아들이면서 즐기고 있으면, 어느 순간 상황의 주도권을 다른 사람에게 빼앗길 수 있다. 다른 사람에게 주도권이 넘어가면, 다른 사람이 짜 놓은 판대로 리더는 결정할 수밖에 없다. 예를 들어, 그 결정이 조직 전반에 또는 많은 구성원에게 이득이 돌아가면 문제가 되지 않는다. 그런데 아부하는 구성원에게만 이득이 돌아가고, 상대적으로 다른 구성원에게 이득이 없다면 머지않아 그 리더십에는 균열이 생기게 될 것이다.

리더가 되면 이러한 상황에 잘못된 판단으로 몇 차례 시행착오를 겪을 수 있다. 신뢰했던 구성원이나 외부 사람의 감언이설대로 일을 추진했다가 조직에 피해를 끼칠 수도 있고, 어떤 구성원이 예상하지 못한 심각한 피해를 입는 것을 경험할 수 있다. 이러한 경험이 리더 입장에서는 아예 없으면 가장 좋겠지만, 만약 생기게 된다면 회복 방안을 잘 강구해야 한다. 또한, 이러한 일이 반복해서 일어나지 않도록 유의해야 한다.

여러 사람 중에는 자신의 이익에 따라 표정 관리를 하지 못하고, 손해를 볼 것 같으면 리더 눈앞에서 돌변하는 사람이 있을 수 있다. 리더 역할을 하다 보면, 이런 상황을 자주 맞닥뜨리게 될 것이다. 리더라면 너무 당황하지 말고, 의연하게 대처하기를 바란다. 리더답게 상황과 판단에 대한 주도권을 잃지 않는 방법에 대해서 평소에 고민한다면, 시행착오를 덜 겪게 될 것이다.

사람에 대한 기본적인 믿음과 신뢰를 가지더라도, 리더인 나의 예상과 기대와는 다른 구성원이 있을 수 있다는 점을 명심하자.

◆ 체크리스트 ◆

◆ 달콤한 말을 가려내고, 본질이나 의도를 꿰뚫어 보는가?

◆ 앞으로의 계획

 올라운드 리더십

13

내로남불을 경계한다

"리더는 구성원에게 관대하고,
자신에게는 엄격해야 한다."

세상에 완벽한 사람은 없다. 마치 빛과 그림자와 같이, 강점이 있으면 그에 따른 약점 또한 존재한다. 이는 리더와 구성원 모두 해당한다.

그런데 리더와 구성원 사이의 차이점이 있다. 리더는 구성원으로부터 직접적인 피드백을 들을 일이 별로 없지만, 구성원은 리더나 다른 구성원으로부터 피드백을 들을 일이나 가능성이 상대적으로 많다는 점이다. 그렇다 보니 리더는 자신의 말과 행동에 제한이 별로 없는 반면, 구성원은 자신의 말과 행동에 의식적으로 주의를 기울인다.

리더 또한 구성원과 같이 평소에 구성원의 눈치를 봐야 한다는 말이 아니다. 리더와 구성원에게 놓인 상황에 차이가 있다는 점을 리더가 스스로 인식해야 한다는 점이다. 리더가 잘 못하는 점이나 아쉬워하는 점에 대해서 리더에게 직접적으로 말하는 구성원이 없다고 해서, 리더가 본인 스스로 완벽하게 역할을 잘 수행하고 있다고 믿어서는 곤란하다.

오히려 리더에게 충언하는 구성원이 있는 조직이 있다면, 그 조직은 건강한 조직이고, 리더 또한 구성원의 의견을 경청할 수 있는 장점을 가진 리더라고 볼 수 있다. 구성원들은 리더가 구성원의 의견을 경청할 수 있는 수준이 된다고 생각하기 때문에 리더에게 의견을 제시하는 것이다. 리더가 구성원의 의견 제시를 듣기 거북하게 생각한다거나, 불쾌해하는 반응을 구성원에게 보이면, 구성원은 더 이상 리더에게 발전적 의견을 제시하지 않을 것이다. 그런 조직과 리더의 앞날은 굳이 예측하지 않아도, 어떤 모습일지 짐작할 수 있다.

리더라면 자신의 말과 행동에 대해서 메타인지적 사고를 할 수 있어야 한다. 리더가 하는 말이 구성원에게 어떻게 받아들여질지 예측하고 말해야 한다. 물론 구성원이 듣기 좋은 말만 할 수는 없다. 리더 역할이 구성원을 칭찬하고 격려하는 것에만 있는 것이 아니기 때문이다. 그럴 수만 있다면 얼마나 좋을까? 하지만 구성원이 역할을 잘못 수행하고 있는 점에 대해서도 리더로서 이를 바로잡을 수 있도록 설득하거나, 지시할 수 있어야 한다.

그리고 리더는 자신이 하고 싶은 일은 구성원도 하고 싶고, 리더가 하기 싫은 일은 구성원도 하기 싫을 수 있다는 사실을 알아야 한다. 내가 리더니깐 모두가 하고 싶은 일은 내가 하고, 리더가 하기 싫은 일은 구성원이 해야 한다는 사고방식을 버려야 한다. 또한, 리더가 구성원 시절에 했던 일들을 당연히 지금 구성원들도 그 일을 할 수 있어야 한다는 사고방식도 버리는 것이 좋다.

대다수 구성원들은 리더에게 직접 말하지 않을 뿐, 리더 스스로에게

 올라운드 리더십

는 관대하고 구성원들에게는 지나치게 엄격한지 아닌지 여부를 판단하고 있다. 리더가 스스로 할 수 있는 일과 해야 할 일의 한계를 제한하지 않고, 구성원이 하기 싫어하거나 어려워하는 일을 직접 나서서 하는 모습을 보여 줄 필요가 있다. 이런 리더에게는 좋은 평판이 따라다니는 것은 물론 이런 리더를 알아볼 수 있는 안목을 가진 훌륭한 구성원이 리더 주변에 모일 가능성이 높다.

내로남불. '내가 하면 로맨스, 남이 하면 불륜'이라는 말의 줄임말로, 내가 하는 일은 정당하게 생각하고, 남이 하는 일은 문제라는 식의 접근방식을 의미한다. 리더가 처음 되었을 때의 초심을 떠올려 보며, 리더로서 내가 하는 생각과 행동이 과연 올바른지에 대해서 수시로 성찰해야 한다. 필요한 경우, 정기적으로 구성원 대상 설문이나 전문가 컨설팅을 받아 보는 것도 권장한다.

◆· 체크리스트 ·◆

◆ 자신에게는 엄격하고, 구성원에게는 관대한 편인가?

◆ 앞으로의 계획

14

신비주의 전략을 활용한다

리더는 구성원과 조직의 목표 달성을 위해 가급적 많은 정보를 서로 공유하기를 원한다. 리더와 구성원에게 정보가 없는 상태보다는 정보가 많은 상태가 조직 목표 달성에 유리한 경우가 일반적이다.

그렇다고 해서 리더가 자신이 가진 모든 정보를 구성원과 공유하려고 하는 전략은 바람직하지 않다. 예를 들어, 리더에게는 발언 제한이 적기 때문에, 말하는 것 자체를 좋아하는 리더는 구성원에게 업무적인 이야기뿐만 아니라 개인적인 이야기, 남 이야기를 수시로 구성원에게 하게 된다.

이런 스타일의 리더와 함께 근무하는 구성원은 리더에 대해서 평소 어떻게 생각할까? 리더의 이미지가 부정적일 가능성이 높다. 대화를 나누는 순간에는 유쾌한 분위기를 조성할지는 모르겠으나, 대화가 끝나고 나면 안 해도 되는 이야기를 많이 했다는 점, 그리고 리더와 구성원 모두 불필요한 대화로 시간을 낭비한 것은 아닌지 서로 뒷맛이 씁

쓸할 것이다.

말을 많이 하다 보면, 불필요한 말도 포함되게 된다. 그 말에서는 리더의 약점이 될 수 있는 말이 분명히 있을 것이다. 예상하지 못한 리더의 약점은 구성원 사이에서 소문이 날 수 있다. 이로 인해 자칫 리더에 대한 구성원들의 신뢰가 떨어지는 것을 예방해야 한다. 또한, 리더와 구성원 사이에는 어느 정도 거리감이 존재하는 것이 서로의 역할을 온전하게 수행하기 위해 필요하다.

리더가 구성원과 허물없이 지내기 위해 불필요하게 자신의 개인적인 정보를 공개하는 것에도 반대하는 입장이다. 가족 관계와 사는 동네 정도는 말할 수 있다고 본다. 하지만 자산, 거주 형태, 정치 성향, 종교 성향, 자신의 자랑거리 등은 굳이 말하지 않는 것이 좋다. 이런 정보는 오히려 구성원에게 불편함만을 초래할 것이다. 리더도 구성원에게 이런 정보는 굳이 궁금해하거나, 물어서는 안 된다.

남에 대한 이야기도 마찬가지이다. 리더가 남 이야기하는 것을 좋게 보는 구성원도 별로 없을 것이다. 남 이야기를 하다 보면, 결국 흉이나 허물에 대해서 이야기하게 된다. 리더가 자리에 없는 구성원에 대해서 이야기하고 평가하는 모습을 보면, 그 자리에 있던 구성원들은 '내가 없는 자리에서도 리더는 내 이야기를 하거나 평가하겠구나.'라고 생각할 것이다. 그런 리더가 구성원 입장에서 좋게 보일 리가 없다. 따라서, 리더가 구성원이나 남들에 대해서 어떤 생각을 하고 있는지도 공연히 알릴 필요가 없다.

리더의 신비주의 전략이 대단히 거창한 것은 아니다. 구성원이 원하

지 않고, 업무에 도움이 안 되는 말을 리더가 하지 않는 것이다. 리더
가 구성원에게 하고 싶은 말이 있다면, 꼭 필요한 말인지 한 번 생각하
고 신중하게 말하는 습관을 가져야 한다. 이런 언어 습관을 가진 리더
에게 자연스럽게 리더로서 권위가 형성될 것이다. 또한, 리더가 구성
원에게 함부로 말하지 않으면, 구성원 또한 리더에게 함부로 말하지
않을 것이다. 리더가 구성원에게 아무 말이나 하면, 구성원도 리더에
게 아무 말이나 불필요한 말을 하게 될 것이다. 리더가 구성원에게 아
무 말이나 불필요한 말을 듣게 되면, 리더 자신의 언어 습관을 돌아봐
야 한다.

리더의 신비주의 전략은 리더와 구성원의 합리적이고 효율적인 의
사소통 실현은 물론 긍정적인 조직 문화 형성에 도움이 될 것이다.

◆ 체크리스트 ◆

◆ 리더로서 구성원들과 적당한 거리감을 유지하는가?

◆ 앞으로의 계획

 올라운드 리더십

15

남 탓하지 않는다

세상을 살다 보면 내 의지와 다르게 내가 원하지 않는 일이 벌어질 때가 많다. 도대체 왜 이런 일이 일어나는 걸까? 먼저 안타까운 상황에 좌절하게 된다. 그리고 이런 일이 일어나게 된 원인을 찾아본다. 그런데 그 원인을 나 자신에게서 찾기보다는 남에게서 찾으려고 본능적으로 노력하게 된다. 그때마다 '남 탓하지 말아야지'라고 생각하지만, 그다음에도 어김없이 남 탓을 하려는 나 자신과 만나게 된다. 여러 해 살아왔지만 아직도 왜 그런지는 잘 모르겠다.

리더라면 원하지 않는 결과가 나온 상황에서 어떤 모습이어야 할까? 지시를 제대로 수행하지 못하거나, 자기 마음대로 알아서 일을 추진한 구성원을 직접적으로 탓해야 할까? 사실 리더가 직접 일을 수행하는 경우는 별로 없기 때문에, 구성원을 탓하기 좋은 상황이다.

그럼에도 불구하고 리더는 구성원을 탓해서는 안 된다. 우선 구성원이 하는 일을 리더로서 제대로 챙기지 못한 리더 자신을 탓해야 한다.

그리고 구성원에게도 위와 같이 자신이 생각한 대로 말해 줘야 한다. 그다음으로 구성원에게 다음에 같은 상황이 되었을 때, 안 좋은 결과가 생기기 전에 어떻게 일을 진행해 주었으면 좋겠다는 의견이나 피드백을 사실에 기반해서 하는 것이 좋다. 리더가 개인적인 감정을 실어서 구성원을 탓하는 모습이 되어서는 곤란하다.

리더라고 해서 성인군자는 아니기 때문에 이런 마음을 갖고 행동으로 표현하는 것이 쉽지 않을 수 있다. 그래도 이런 마음과 행동을 갖기 위해 노력해야 한다. 노력하다 보면 자신의 성향으로 바꿀 수 있다.

실제로 일이 제대로 안 된 것이 리더 자신의 탓이라고 생각하면, 리더는 보다 능동적으로 앞으로 다시 일이 잘못되지 않도록 스스로 개선 방안을 모색하게 된다. 구성원이 낸 아이디어도 참고하고, 다양한 경험이 많은 리더가 최종적으로 정리를 하면, 바람직한 개선 방안을 도출할 수 있다. '비 온 뒤에 땅이 굳는다.'는 말처럼, 리더의 주도 속에서 일하는 방법 개선을 위한 지속적인 노력을 통해 리더, 구성원, 조직 모두 앞으로 더 좋은 기회를 맞이할 수 있다.

리더라면 남 탓하지 말자. 명백히 남 탓이라고 할지라도 내 탓은 없는지 살펴보자. 그리고 잘못된 부분이 있다면 바꿔 보자. 이런 능동적인 리더의 자세는 자신뿐만 아니라 구성원에게도 긍정적인 영향을 줄 것이다. 리더가 자신에게 탓을 돌리면, 구성원 또한 자신의 과실은 없는지 한 번은 생각해 보게 된다. 구성원 또한 사람이기 때문에 무조건 리더 탓만 하지 않을 것이다. 그런데 이와 반대로 리더가 구성원 탓을 하면, 구성원 또한 리더 탓을 하게 될 것이다. 리더가 구성원 탓을 자

　　　　　　　　　　　　　　　　　올라운드 리더십

주 하면, 절대 서로 신뢰하는 조직 문화를 만들 수 없다.

아주 어려운 길이겠지만, 많은 리더가 조직에서 일어나는 일에 대하여 책임감을 가지고 혹시 잘못된 일이 일어나더라도 내 탓을 하며, 조직을 이끌어 가기를 바란다. 리더가 이러한 자세를 지속한다면, 어느새 리더 자신과 같이 책임감 가득한 구성원과 함께 일하고 있는 자신을 만나게 될 것이다.

◆· 체크리스트 ·◆

◆ 결과가 좋지 않을 때, 구성원에게 책임을 돌리는가?

◆ 앞으로의 계획

16

좋은 리더 이전에 좋은 사람이 된다

어떤 사람이 리더의 자리에 오르는가? 구성원 시절에 치열하게 살면서 성과를 냈던 사람이 리더가 되는 경우가 많다. 그래서 대부분의 리더는 성과지향적인 특성을 가지고 있다.

리더가 성과지향적인 것은 잘못된 것이 아니다. 조직은 일을 통해 성과를 내는 곳이지 친목을 위한 곳이 아니기 때문이다. 리더가 성과지향적이지 않다면, 그 조직은 금방 무너질 수 있다. 그렇기 때문에 성과지향적인 리더를 꼭 부정적으로 인식할 필요는 없다.

하지만 리더는 성과가 전부라고 생각해서는 곤란하다. 리더가 성과를 최우선으로 생각하면, 구성원의 존재를 수단처럼 대할 가능성이 높아진다. 구성원은 리더가 자신에 대해서 어떻게 생각하는지 금방 눈치를 채고, 리더를 평가한다.

따라서, 리더는 성과를 내는 것도 중요하지만, 성과를 내기 위한 과정에서 구성원에 대한 존중이 있어야 한다. 구성원에 대한 존중 없이 이뤄 낸 성과는 일시적이다. 구성원을 존중하지 않는 리더와 어떤 사람이 함께 근무하고 싶을까? 리더가 마음에 들지 않는 구성원은 당장 그 마음을 표현하지 않는다. 하지만 해당 구성원이 현재 리더를 떠나서 그다음으로 갈 자리가 확정되면, 더 이상 리더에 대한 부정적인 마음을 감출 필요가 없다. 리더에게 불편한 마음을 느끼면, 은근슬쩍 또는 대놓고 부정적인 마음을 표현하게 될 것이다.

리더가 좋은 사람이면 주변에 좋은 구성원이 모인다. '저 리더와 함께 일하고 싶다.'라는 분위기가 형성되거나, 입소문이 나면 많은 구성원이 리더와 함께 근무하기 위한 시도를 하게 된다. 리더는 그중에서 리더와 마음이나 성향이 맞거나, 리더가 원하는 능력을 갖춘 구성원과 필요한 절차를 거쳐 함께 일할 수 있게 된다. 좋은 리더에 좋은 구성원까지 모이면, 사람들은 더욱 그 조직에서 함께 일하고 싶어 한다. 선순환이 작동되는 것이다.

반대로 리더가 좋지 않은 사람, 심지어 나쁜 사람이라는 평판이 형성되면 어떤 일이 일어날까? 우선 기존의 구성원들은 리더로부터 도망갈 생각을 하느라 바쁘다. 도망칠 계획을 세우느라 일에 집중할 수도 없다. 나쁜 성향의 리더는 '왜 내 주변에는 이런 구성원들만 있을까?'라고 한탄하며, 사신의 리더십을 돌아보기는커녕 사신을 떠나려는 구성원의 마음가짐을 탓하게 된다. 일부 구성원들이 떠나고 나면, 그 조직에 대한 부정적인 소문이 퍼지게 된다. 남아 있는 구성원들도 마음이 불편하고, 조급해진다. 빨리 기회를 잡아서 떠날 생각만 하게 된다. 인성과 실력을 갖춘 구성원은 굳이 그 리더가 있는 조직에 합류

하지 않는다. 이렇게 악순환의 연속이 작동된다.

위와 같이 리더가 좋은 사람일 때와 그렇지 않은 사람일 때의 시나리오 상황을 예상해 볼 수 있다. 좋은 사람이 되면, 좋은 리더가 될 가능성이 높다. 그리고 자세히 설명하지 않아도 누구나 좋은 사람이 되고 싶다. 하지만 좋은 사람이 되기 위해 노력하는 과정과 실천하는 과정은 정말 어려운 일이다. 항상 자신의 마음을 다스리고, 피곤하고 귀찮을 때도 몸을 부지런히 움직여야 한다.

여러분이 이왕에 리더가 되기로 결심했다면, 혹은 이미 리더가 되었다면, 좋은 사람이면서 동시에 좋은 리더가 되기를 바라는 바이다.

◆ 체크리스트 ◆

◆ '성공한 리더'보다 '존경받는 사람'이 먼저 되고자 노력하는가?

◆ 앞으로의 계획

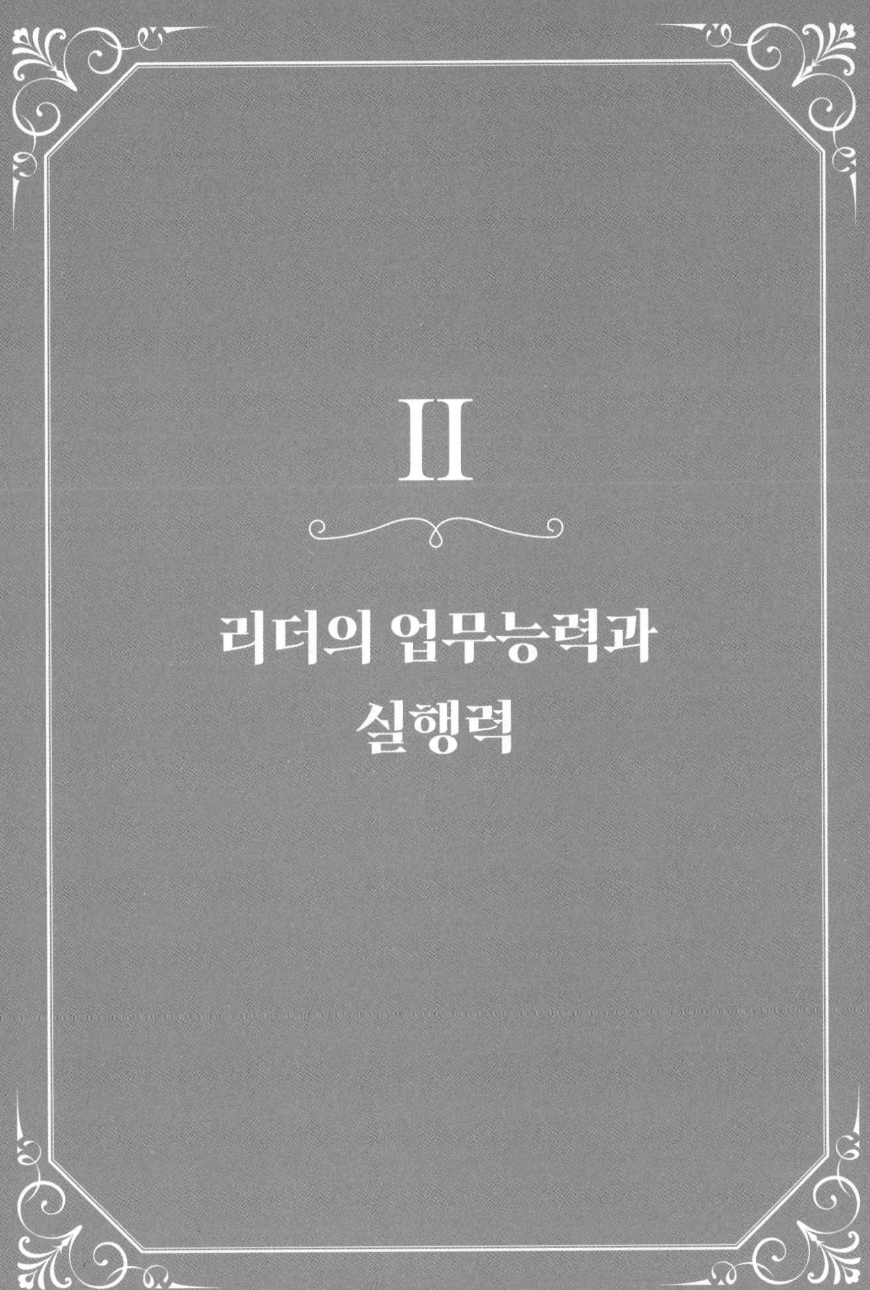

II

리더의 업무능력과 실행력

17

목적성과 방향성을 가지고 일한다

“목적성과 방향성이 없으면,
열심히 일하고 엉뚱한 결과를 만든다.”

사람마다 일을 대하는 태도가 다르다. 예를 들면, 별생각 없이 관성에 의해서 지난번에 했던 대로 반복해서 일을 하는 사람이 있는 반면, 지난번에 했던 일의 장단점을 파악해서, 일을 조금이나마 개선하기 위해서 노력하는 사람이 있다. 일을 어떻게 하는 사람이 앞으로 더 성장 가능성이 있으며, 리더로서 적합할지는 독자 여러분 또한 잘 아실 것으로 판단된다.

누구나 주어진 일을 빠르고 쉽게 처리하고 싶어 한다. 이것은 사람의 본능과 가깝기 때문에 이것 자체를 나쁘다고 할 수 없다. 하지만 모든 일을 쉽게 처리하면, 일 자체가 발전하기 어렵고 시대에 적합할 수 없다. 어느 조직에서 하는 일이든지 재작년, 작년, 올해 한 일이 모두 같다고 상상해 보자. 생각만 해도 아찔하다. 과연 그 조직은 비판받지 않고, 살아남을 수 있을까?

따라서 리더는 일을 발전시키기 위해서는 목적성과 방향성을 가지

    올라운드 리더십

고 있어야 한다. 리더는 일을 시작하기 전에 목적성과 방향성을 먼저 생각해야 한다. 일을 시작한 이후에는 상황에 맞춰서 목적성과 방향성을 일부 수정하는 융통성을 갖춰야 한다. 융통성이 없으면, 오히려 일을 성취하는 데 방해만 될 수 있다. 하지만 일을 시작하기 이전 시점에 리더는 목적성과 방향성을 먼저 생각하고, 구성원과 이를 공유할 수 있어야 한다.

반대로 리더가 일에 대한 목적성과 방향성이 없으면, 어떤 일이 일어나게 될까? 먼저 리더가 일에 주도권을 가지지 못하고, 일에 끌려다니게 된다. 그리고 구성원들이나 다른 사람이 의견을 내면, 신중하게 검토하는 것을 회피하고, 인심 좋게 그들이 하자는 대로 할 가능성이 높다. 그렇게 일을 하다 보면, 일의 결과가 어떤 때는 좋을 수도 있다. 하지만 예상하지 못했던 의외의 안 좋은 결과를 초래할 수 있다. 그때는 누구를 탓할 사람을 찾을 수도 없다. 목적성과 방향성을 설정하지 않은 리더의 잘못이 가장 크다고 봐야 한다.

이 과정을 쉬운 표현으로 비유하자면, 우리가 어떤 목적지를 갈 때 지도나 내비게이션을 검색해서 가는 것을 예로 들 수 있다. 목적지를 가기 위한 방향은 다양할 수 있다. 어떤 방향은 거리를 단축시키지만, 길이 험할 수 있다. 다른 방향은 거리는 멀어도 길이 평지일 수 있다. 그리고 최종 목적지를 반드시 설정해야 엉뚱한 곳에 가지 않게 된다.

이처럼 리더는 일을 할 때, 목적성과 방향성을 분명하게 하는 습관을 가져야 한다. 그래야 구성원들이 리더는 믿고, 집중해서 일을 추진할 수 있을 것이다.

◆ 명확한 목적성과 방향성에 근거하여 업무 지시를 하는가?

◆ 앞으로의 계획

18

상황에 알맞은 규칙을 적용한다

조직 운영을 위해서는 규정과 규칙이 있어야 한다. 규정과 규칙의 차이는 엄격성 정도에 차이가 있다. 규정은 법률과 연관된 경우가 있고, 문서로서 구체적이고 명확한 지침을 담은 것을 의미한다. 규칙은 규정보다 넓은 범위를 포괄하고, 규정처럼 문서로 정의되기도 하며, 명문화되지 않았더라도 조직 내에서 구성원들이 해야 하거나 하지 말아야 할 것으로 약속한 행동 양식을 의미한다.

규정과 규칙의 많고 적음은 일반적으로 조직의 특성과 규모, 리더의 마인드 등에 따라 달라진다. 규정은 앞서 언급한 것처럼 법률에 의해서 제한된 경우가 많기 때문에, 이 글에서는 리더가 조직 내 규칙을 어떻게 만들어 가느냐에 중점을 두고 서술하고자 한다.

규칙을 만들기 위해서 다음 세 가지를 유념하는 것이 좋다.

첫째, 규칙은 적을수록 좋다. 규칙이 많아질수록 구성원의 자율성을 침해할 수 있다. 구성원 입장에서 규칙이 많으면, ‘이 중에 몇 가지는 안 지켜도 눈에 띄지 않겠지'라는 생각이 들 수 있다. 규칙이 지나치게 많은 것은 규칙이 아예 없는 것보다 못한 상황이 될 수 있다. 규칙을 지키지 못하는 구성원을 어쩔 수 없이 이해하거나, 지켜보는 상황은 장기적으로 조직 문화를 해칠 가능성이 높다. 따라서, 리더와 구성원 모두가 함께 지킬 수 있는 몇 가지 규칙만 운영하는 것이 바람직하다.

둘째, 규칙은 리더와 구성원의 합의로 정하는 것이 좋다. 구성원이 동의하지 않는데, 리더 혼자 일방적으로 정한 규칙은 구성원의 불만을 가져올 것이다. 구성원이 반대함에도 불구하고 리더가 꼭 규칙으로 하고 싶은 내용이 있다면, 이에 대해 리더가 구성원에게 설명은 물론 설득하는 과정이 최소한으로 필요하다.

셋째, 상황에 알맞은 규칙을 정해서 운영한다. 리더는 현재 조직 운영에 알맞지 않은 규칙이 관습적으로 적용되는 모습을 발견한다면, 구성원과 협의하여 규칙을 새롭게 바꾸거나, 없애야 한다. 여러 조직마다 과거에서부터 답습하고 있는 현재와 어울리지 않는 규칙들이 한 가지 이상 있을 가능성이 높다. 리더가 발견하기 어렵다면, 구성원으로부터 설문을 받아서 반영할 필요가 있다.

구성원이 기존의 규칙으로 인하여, 정당하게 근무하는 것을 방해받고 있다고 리더 또한 인식한다면, 그 규칙을 과감하게 바꿀 수 있는 방향으로 노력해야 한다. 그렇지 않고, 리더가 기존의 규칙을 탓하며 어쩔 수 없다는 식으로 구성원에게 양해를 구한다면, 구성원은 리더의 존재 이유에 대해서 의심할 것이다. 리더는 그렇게 말하고 상황이 종결되었다고 생각할지 모르지만, 많은 구성원은 리더가 규칙 개정에 대한 요구를 반영하는 것에 대해서 무능력하거나 의지가 없다고 인식한다.

또한, 규칙을 반복적으로 어기고 있는 구성원에 대해서도 리더가 구성원이 규칙을 어기는 이유를 직접 확인하고, 특별한 사유가 없다면 해당 구성원에 대해서 규칙을 어겼을 때 시행하기로 한 제재를 가해야 한다. 규칙을 어기는 구성원에 대한 리더의 감정 때문이 아니라, 조직의 지속적인 운영을 위해서 불가피하기 때문이다. 규칙을 지키고 있는 많은 구성원들은 규칙을 어기고 있는 구성원에 대해 리더가 어떻게 조치할 것인지를 관심 있게 지켜볼 것이다.

리더가 모든 구성원에게 좋은 말만 할 수는 없다. 규칙을 지키지 않는 구성원에 대해서는 싫은 소리도 하고, 필요하다면 제재를 가할 수 있어야 한다. 무엇보다 리더 또한 정해진 규칙을 누구보다 솔선수범해서 지키는 것이 우선임을 명심해야 하겠다.

◆ 체크리스트 ◆

◆ 규칙과 규정을 필요한 상황에 알맞게 개정하는가?

◆ 앞으로의 계획

19

권한 위임을 명확하게 한다

리더가 조직에서 일어나는 일을 모두 직접 챙긴다고 생각해 보자. 조직이 제대로 운영될까? 분명 문제가 생길 것이다.

우선 일이 진행되지 않는다. 많은 일을 리더가 끌어안고 있는 상황에서 추진과 결정에 어려움이 생긴다. 리더는 정신없이 바쁜데, 구성원은 무엇을 해야 하는지 몰라서 멀뚱멀뚱하게 리더를 바라보고 있는 상황이 벌어지게 된다. 이 상황이 되면 리더는 속에서부터 점점 화가 나고, 구성원은 리더가 화를 내는 이유를 몰라 눈치를 보기 바빠진다.

리더는 구성원들이 알아서 자기 역할을 해 주기를 바란다. 덧붙여 리더는 갑작스럽게 조직에서 해결해야 할 일이 생기면, 구성원들이 리더를 기다리지 않고 알아서 해결하고, 리더에게 보고해 주기를 기대한다. 하지만 현실에는 그런 구성원이 많지 않다. 구성원들은 자신의 역할을 리더가 생각하는 것보다 보수적으로 한정하고 있다.

따라서, 리더는 리더 자신이 해야 할 일과 구성원이 해야 할 일을 명

올라운드 리더십

확하게 구분해서, 구성원이 해야 할 일로 정한 것은 구성원에게 권한 위임을 해야 한다.

구성원이 해야 할 일을 정할 때는 기존 구성원의 업무분장, 적성, 능력 등을 고려해야 한다. 구성원에게 무리하게 권한 위임을 했다가, 일이 진행되지 않으면 리더와 구성원 모두 좌절하게 된다. 특히 구성원의 경우, 일에 대한 두려움이 생길 수 있다. 리더의 권한 위임을 통해 구성원의 성공 경험이 누적될 수 있도록 신경 써야 한다. 리더가 어떤 일을 구성원에게 권한 위임할지 구성원별로 신중하게 접근해야 한다.

그리고 권한 위임이 이루어졌다면, 구성원이 일이 시작하기 전에 리더가 큰 방향에 대해서는 구성원에게 설명해야 하겠지만, 세부적인 일의 내용과 방법에 대해서는 구성원에게 맡겨야 한다. 분명 구성원에게 권한을 위임한다고 했는데, 세부적인 내용을 리더가 간섭한다면, 구성원은 그 일을 더 이상 자신의 일처럼 인식하지 못할 것이다. 구성원은 위임받은 일에 집중하지 못할 것이며, 점차 리더의 일이 될 가능성이 높아진다.

물론 어떤 세부적인 일에 대해서 리더가 구성원보다 더 잘할 수 있다. 실제로 그런 분야가 많이 있다. 리더가 구성원 시절에 일을 잘했기 때문에 리더가 된 사례도 많을 것이다. 그렇다고 해서 리더가 된 이후에도 구성원이 하는 세부적인 일에 지나치게 관심을 갖는 것은 잘못된 것이다. 리더의 한정된 시간과 에너지를 소중하게 잘 활용해서 리더만이 할 수 있는 일과 해야 할 일에 집중해야 하는데, 구성원에게 맡긴 일에 대해서 리더와 구성원이 함께 신경을 쓰고 있다면 일의 효율성이 떨어질 수밖에 없기 때문이다.

조직 운영에 있어서 리더의 권한 위임은 불가피한 일이다. 리더는 구성원에게 명확하게 권한 위임을 할 수 있는 자세가 필요하다. 권한 위임을 단순하고, 쉬운 일이라고 생각한다면 곤란하다. 일을 지시하는 순간까지는 리더의 시간, 에너지, 섬세함 등이 필요하기 때문이다. 그리고 일단 구성원에게 일을 맡겼다면, 구성원을 믿고 결과가 나올 때까지 기다려 보자.

혹시 일의 과정 중에 구성원이 리더에게 질문을 한다면, 리더는 구성원과 함께 고민하고, 좋은 방법을 함께 찾으면 좋겠다. 구성원들은 이러한 모습의 리더를 기대할 것이다.

◆ 체크리스트 ◆

◆ 권한 위임할 때, 책임 범위와 가이드라인을 설명하는가?

◆ 앞으로의 계획

20

지속가능한 성장을 추구한다

대부분의 리더는 조직에서 빨리 성과를 내고 싶어 한다. 특히 자신의 임기가 짧거나 제한된 경우, 더욱 그런 성향을 보일 것이다. 자신의 뜻을 이해하지 못하거나, 실행하지 못하는 구성원을 보면 답답한 마음이 들게 된다.

리더가 구성원을 재촉하면, 일시적으로 일의 성과가 나올 수 있다. 중요한 일의 경우 이런 재촉이 필요할 때가 있다. 그런데 일을 할 때마다 리더가 구성원에게 재촉하면, 구성원의 피로는 점차 쌓이게 된다. 특히, 일의 성과에 대해서 리더의 몫이 구성원의 몫보다 더 큰 경우에는 구성원들은 피로를 느낄 뿐만 아니라 리더에 대해서 반감을 가지게 된다.

구성원들이 리더에 대해서 반감을 가지지 않게 하려면, 리더 또한 공동의 목표인 일에 자신의 역할에 맞게 적극적으로 참여하는 모습을 보여야 한다. 리더의 주요 업무가 구성원을 다그치고 재촉하는 것에만 있다고 생각하면 곤란하다.

또한, 지속가능한 조직을 운영하기 위해서 리더는 구성원의 피로도를 잘 조절할 수 있어야 한다. 이를 위해서 리더는 조직 내에서 중요하고 시급한 일이 지속되지 않도록 관리가 필요하다. 중요하고 시급한 일이 끝나면, 구성원들이 다음에 해야 할 중요하고 시급한 일을 할 수 있도록 여유를 가지고 정비할 시간을 주어야 한다. 그렇게 해야 구성원들의 집중력을 유지시키거나 더 높아지게 할 수 있다.

리더가 구성원들을 어떻게 대하고 있는지는 구성원들이 가장 잘 안다. 리더가 아무리 구성원들을 잘해 주고 있다고 주장하더라도, 구성원들이 그렇게 인식하지 않으면, 리더가 스스로 인식하는 리더십에 문제가 있다고 봐야 한다. 리더는 구성원들을 일의 목표를 달성하기 위한 수단으로 보는 것이 아니라 구성원 존재 자체를 존중할 수 있어야 한다.

리더는 자신뿐만 아니라 구성원과 조직 모두 지속가능한 성장을 할 수 있도록 신경 쓰고 관리해야 한다. 어떤 리더가 지나간 자리에는 풀 한 포기도 나지 않는다는 말을 하는 경우가 있는데, 그것은 절대 좋은 말이 아니다. 진정한 리더라면, 그 말을 칭찬이 아니라 자기 반성으로 새겨들어야 한다.

지속가능한 성장은 당장 눈에 보이지 않더라도, 꾸준하게 유지된다면 결국 어느 순간에는 성장의 결과가 가시적으로 눈에 보이게 될 것이다. 리더뿐만 아니라 구성원도 성장의 결과를 함께 공유할 수 있도록 하는 리더십을 발휘한다면, 리더 곁에도 어느새 함께 멋진 일을 할

 올라운드 리더십

수 있는 든든한 구성원이 많이 모이게 될 것이다.

◆ 단기 성과에 매몰되지 않고, 지속가능한 성장을 고민하는가?

◆ 앞으로의 계획

21

완벽주의에 빠지지 않는다

많은 사람들이 완벽한 사람이 되고 싶어 한다. 특히, 리더라면 완벽하고 싶은 마음이 더욱 클 것이다. 자기계발, 인간관계, 건강, 인성, 실력, 경제력, 외모 등등 완벽해지고 싶은 분야나 우선순위는 각자 다르다. 부모님 덕분에 태어나 살게 되는 과정에서 최소한 한 분야라도 완벽해지면 좋겠다는 생각이 무의식중에 있을 것이다. 리더는 완벽하고 싶다는 말을 밖으로 드러내는 경우도 많다.

그런데 '완벽'은 무조건 좋은 뜻으로만 받아들여질까? '완벽'이라는 말에는 빛과 그림자가 있다. 먼저 완벽의 빛은 무엇일까? 긍정적인 의미가 분명 있다. 완벽이라는 것은 타고난 재능과 꾸준한 노력을 통해 결국 어떤 분야에 대한 인정과 성취라고 볼 수 있기 때문이다. 아무나 할 수 있는 일이 아니고, 아무나 완벽을 인정받을 수 없다.

그렇다면 완벽의 그림자는 무엇일까? 완벽에 도달하기 위해서는 많은 희생이 필요하다. 때로는 리더 자신의 완벽을 위해 다른 사람들을 희생시켜야 할 수도 있다. 그리고 우선순위 밖에 있는 분야에 대해서는 신경 쓰기가 어렵다. 또한 완벽에 도달하기 위해 방해되는 요소들에 대한 제거가 필요하다.

내가 생각하는 완벽의 그림자 중 가장 큰 문제점은 자신을 감정적으로 심하게 압박할 수 있다는 점이다. 완벽해지려고 하다 보면 주변이 보이지 않는다. 완벽한 것만이 정답이고, 그 이외의 결과는 존재할 수 없다고 믿는다. 그런데 현실은 완벽하기가 어렵다. 그래서 리더가 완벽주의에 빠지게 되면, 결국 자신 그리고 주변 사람들을 힘들게 할 수밖에 없다. 오히려 평균보다 좋지 않은 결과를 낼 수도 있다.

완벽주의의 또 다른 문제점 중에 하나는 어떤 일을 완벽하게 하려다 보면, 일 자체를 시작하기 어렵다는 것이다. 처음부터 완벽해야 한다는 생각으로 일을 시작하면, 시작 단계부터 일 자체가 마음에 들지 않을 가능성이 높다. 그래서 일 자체가 아예 진행도 못할 수 있다.

따라서 리더는 완벽해지기 위해 노력하는 것은 바람직하지만, 반드시 완벽한 결과를 만들어야 한다는 강박관념에서 벗어나야 한다. 그 기준은 리더 자신뿐만 아니라 구성원에게도 동일해야 한다. 자신은 완벽하지 않으면서, 구성원에게 완벽을 기대한다는 것은 모순이다. 또한, 그러한 마음이 구성원에게 전해지는 순간 리더십에 손상이 생길 수밖에 없다.

누구나 완벽해지고 싶어 하지만, 세상에 완벽한 사람이 얼마나 있을까? 완벽해야만 행복한 것은 아니다. 완벽하지 않아도 잘 살 수 있다. 완벽해지기 위한 노력 과정에서 심리적 또는 상황적으로 어려움을 겪을 때는 자신을 조금 내려놓는 것이 필요하다. 그렇게 되면 오히려 일의 결과가 더 좋을 수 있다.

리더는 여러 가지 경우의 수를 예측할 수 있어야 한다. 일이 잘될 때와 잘 안 될 때를 구분하여 그다음에는 무엇을 해야 하는가에 대한 계획을 세울 필요가 있다. 플랜 A의 실행이 어렵다면, 플랜 B는 무엇인가? 그래야 어떤 순간이 와도 당황하지 않고 문제를 해결할 수 있다.

완벽주의에 빠지지 않는 리더가 구성원과 함께 행복한 과정과 결과를 만들 수 있다고 믿는다.

◆ 체크리스트 ◆

◆ 과도한 완벽주의로 일을 진행하지 못하는 것은 아닌가?

◆ 앞으로의 계획

올라운드 리더십

22

일의 우선순위를 파악해서 실행한다

구성원이 많은 조직일수록 해야 할 일이 많다. 리더 입장에서는 구성원들이 동시다발적으로 일을 진행하고 있기 때문에, 어떤 일을 먼저 챙겨야 하는지 신경 써야 한다.

리더가 일의 순서를 신경 쓰지 않으면, 어떤 일이 일어날까? 자연스럽게 구성원이 보고하는 순서대로 일을 챙기게 된다. 물론 대부분의 구성원들이 알아서 자신의 일을 챙길 것이다. 구성원들은 제때 리더에게 일의 진행 상황을 보고하고, 필요한 내용은 결심을 받을 것이다.

이처럼 구성원은 구성원대로 자신의 일을 챙기고, 리더는 리더대로 어떤 일을 먼저 챙겨야 하는지 나름대로 일의 우선순위를 정해야 한다. 일의 우선순위를 정해야 하는 이유는 무엇인가?

첫째, 전체적인 일의 흐름을 파악하고 지원한다. 1개월이나 1주 단위로 현재 조직이 하고 있는 일의 전체 목록을 작성해 본다. 그다음에는 가장 중요하고 시급한 일 위주로, 일의 우선순위를 정한다. 리더가 어떤 일을 먼저 챙겨야 하는지 눈에 보일 것이다. 가장 우선순위의 일을 맡고 있는 구성원에게 인적·물적 자원 중에 지원할 일이 있는지 확인하고, 가능한 범위에서 지원한다. 직접적으로 이 일을 맡고 있지 않은 다른 구성원들에게도 가장 우선순위에 있는 일에 대해서 공유하고, 지원할 수 있도록 지시한다.

둘째, 우선순위의 일이 겹치지 않도록 시기를 조정한다. 조직 자체적으로 실행하는 일의 경우, 일의 시기를 조정할 수 있다. 따라서, 우선순위에 있어서 중요한 일들의 실행 시기가 겹쳐 있다면, 리더가 실행 시기를 조정한다. 반대로 조직 외부와 연결되어 있는 중요한 일이 겹쳐 있는 경우에는 일의 시기는 조정하기 어렵다. 이럴 때는 조직 자체적으로 실행하는 일의 시기를 뒤로 조정해서, 구성원들이 조직 외부와 연결되어 있는 중요한 일에 집중할 수 있도록 해 준다. 반드시 리더가 이렇게 해야 구성원의 업무피로도를 낮추고, 업무만족도를 관리할 수 있다.

셋째, 일을 놓치지 않는다. 리더 관점에서의 업무 우선순위와 구성원 관점에서의 업무 우선순위가 다를 수 있다. 리더와 구성원이 각자 생각하는 일의 우선순위를 서로 공유하고, 일의 우선순위를 함께 조정한다. 일의 우선순위를 조정하지 않으면, 리더는 지금 진행되어야 하는 일이라고 생각하고, 구성원은 나중에 진행해도 되는 일이라고 생각해서 리더가 생각한 일정대로 일이 진행되는 것을 놓칠 수 있다.

일의 우선순위를 정할 때, 리더가 직접 해야 할 일과 구성원에게 지시해서 해야 할 일을 명확하게 구분해서 전달해야 한다. 그렇지 않으

올라운드 리더십

면, 리더와 구성원 모두 해야 할 일이라는 것을 알면서도 막상 일은 진행되지 않을 수 있다.

그리고 중요한 일일수록 리더가 직접 많은 일을 실행해야 한다는 생각은 하지 않는 것이 좋다. 리더는 일의 의사결정을 하고, 전체적인 일의 흐름을 관리해야 한다는 역할이 있다. 리더가 실무를 챙기다 보면, 정작 리더로서 해야 할 일을 실행하는 타이밍을 놓치게 될 것이다. 구성원이 해야 할 일은 구성원에게 믿고 맡겨야 하며, 필요한 경우 어떻게 일을 해야 하는지 리더가 구성원에게 상세하게 설명한다.

일의 우선순위를 파악히며 일하는 리더일수록 그렇지 않은 리더보다 업무 성과를 높이는 것은 물론 리더와 구성원 모두 업무효율성이 좋아져서 일에 대한 피로도가 낮아질 것이다. 이런 과정이 지속되면, 리더에 대한 구성원들의 신뢰는 점점 쌓일 것이다.

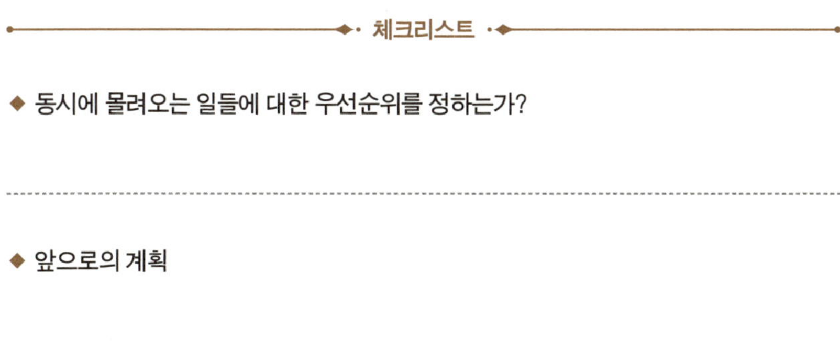

◆・ 체크리스트 ・◆

◆ 동시에 몰려오는 일들에 대한 우선순위를 정하는가?

◆ 앞으로의 계획

23

정보력을 높인다

정보력이 없는 리더에 대해서 구성원은 어떤 생각을 하고 있을까? 별생각이 없을까? 아마도 리더에 대해 부정적인 생각을 할 가능성이 높다. 왜냐하면, 구성원의 입장에서 자신이 필요할 때 정보력이 없는 리더에게 도움을 받기 어려워 보이기 때문이다.

리더 스스로에게도 마찬가지이다. 리더에게는 판단력이 생명과도 같은데 제대로 된 정보가 없을수록, 잘못된 의사결정을 내릴 가능성이 높아진다. 따라서, 리더라면 자신의 정보력을 높일 수 있도록 꾸준히 노력해야 한다. 그렇다면, 리더가 정보력을 높일 수 있는 구체적인 방법은 무엇인가?

첫째, 구성원들과 면담을 정기적으로 실시한다. 짧은 시간이라도 좋다. 가급적 소규모로 면담이 이루어지는 것이 좋다. 리더와 구성원의 성별이 동일하다면 1:1 면담을, 성별이 다르다면 2명 이상 구성원과 함께 공개된 장소에서 면담하는 것을 권장한다. 구성원에 대해 몰랐던 정보를 알게 되고, 구성원은 알고 리더는 몰랐던 정보를 새롭게 알 수 있다.

둘째, 다른 리더와의 소통을 강화한다. 다른 팀이나 조직에 있는 리더와 만나는 것을 번거롭다고 생각하지 않아야 한다. 그리고 다른 리더가 배울 점이 있거나 어떤 정보를 가지고 있는 것으로 확인이 된다면, 자존심 상하지 않고, 배우고 싶은 내용이나 정보에 대해 정중하게 물어볼 수 있어야 한다. 물론 그런 내용과 정보를 공유받고 싶다면, 나 역시 다른 리더로부터 관심받을 수 있는 비슷한 수준의 내용과 정보를 가지고 있어야 한다. 혹은 이전에 이런 내용을 공유한 적이 있어야 유리하다.

셋째, 새로운 사람을 만난다. 매번 조직 내 같은 리더나 구성원을 만난다면, 새로운 정보를 습득하기가 어렵다. 새로운 사람을 만날 기회를 자주 갖도록 하며, 그 사람이 하는 일에 대한 호기심을 갖도록 한다. 호기심을 기반으로 질문을 하게 되면, 새로운 정보를 얻게 된다. 단, 새로운 사람을 만났을 때 다짜고짜 질문부터 하기보다는 호감을 높일 수 있는 대화와, 서로 대화를 하더라도 안전한 관계임을 인식할 수 있는 분위기를 형성한 다음에 일반적인 질문부터 하는 것이 바람직하다.

리더가 되었다고 해서 정보력이 갑자기 생기는 것이 아니다. 리더이든 구성원이든 정보력은 노력해야 확보할 수 있다. 리더가 가지고 있는 정보가 많다고 해서 그 정보들을 다 사용하는 것은 아니지만, 정보를 몰라서 사용하지 못하는 것과 정보를 알지만 사용하지 않는 것과는 분명 차이가 있다.

정보를 얻기 위해서는 시간과 노력을 들여야 하지만 그만큼 충분한 가치가 있을 때가 많다. 양질의 정보는 리더 자신을 위해서뿐만 아니라, 구성원에게 큰 도움을 줄 수가 있음을 명심해야 한다. 리더는 기본적으로 리더 자신의 이해관계를 떠나서 구성원에게 도움을 주거나 구성원이 기쁨을 느낄 때 리더 또한 보람을 느낄 수 있어야 한다.

또한, 리더에게 들어온 정보를 스스로 효과적으로 관리하는 능력이 중요하다. 리더가 대상과 상황에 맞게 정보를 활용하는 모습은 다른 리더와 구성원들에게 가까운 관계를 형성하고 싶게 하는 좋은 자극이 될 수 있다.

◆ 체크리스트 ◆

◆ 정보력을 높이기 위해 꾸준히 사람들을 만나는가?

◆ 앞으로의 계획

24

데이터 기반 의사결정을 한다

"리더가 예상한 데이터와
실제 파악한 데이터에는 차이가 있을 수 있다."

리더는 대체로 경험이 많다. 경험이 많기 때문에, 리더로서 의사결정을 할 때 실수를 줄일 수 있다. 리더의 경험을 바탕으로 한 의사결정으로 조직이 위기를 벗어나게 되면, 구성원들은 리더의 다양한 경험 덕분에 다행이라고 안심하며 '나도 여러 경험을 쌓으면 의사결정을 잘하는 리더가 될 수 있겠지.'라고 생각하게 된다.

나는 리더의 경험을 존중한다. 리더의 경험의 그 자체로서 대단한 가치가 있다. 그 경험 중에는 성공한 경험도 있고, 실패한 경험도 있을 것이다. 실패한 경험은 그 당시의 리더에게 꽤나 아픈 기억이겠지만, 어쩌면 성공한 경험보다도 실패한 경험이 각인되어 리더가 너욱 성상할 수 있는 발판이 되었을 것이다.

이처럼 의사결정에 있어서 과거의 경험이 중요함에도 불구하고, 나는 많은 리더가 데이터를 기반한 의사결정을 하기를 권장한다. 그 이유는 다음과 같다.

첫째, 세상이 변하는 속도가 빠르기 때문이다. 리더가 경험했던 과거와는 너무도 다른 현재이다. 앞으로 1개월, 1년 후에 조직을 둘러싼 사회적 환경에서 어떤 일이 일어나고, 어떤 이슈가 확산될지 예측하기가 어렵다. 이런 상황에서 과거에 리더가 경험했던 방식으로 의사결정을 하면, 잘못된 판단을 할 가능성이 높다. 따라서, 최근에 일어나고 있는 일에 대한 데이터를 분석하여 필요한 정보를 만드는 작업이 필요하다.

둘째, 구성원의 동의를 얻기 위해서이다. 리더의 과거 경험을 신뢰하는 구성원들이 일부 있겠지만, 대부분의 구성원들은 리더의 과거 경험보다는 데이터를 더 신뢰하는 경향을 보인다. 리더의 입장에서는 안타깝겠지만, 이것이 현실이다. 그럼에도 불구하고 데이터를 파악하지 않은 상태에서 또는 데이터를 무시하고 리더가 내린 의사결정이 만족스럽지 못한 경우, 구성원의 리더에 대한 신뢰는 낮아지게 되고, 구성원이 전적으로 리더를 따르기 어려워질 수 있다. 리더 스스로 자신의 과거 경험이 의사결정에 도움이 될 것이라고 믿는다면, 그 경험에 대해 구체적으로 구성원에게 설명할 것이 아니라, 데이터를 통해서 구성원에게 증명해야 한다.

셋째, 데이터는 추측이 아니라 사실에 가깝기 때문이다. 데이터는 조사를 통해 나온 것이기 때문에 그 자체로 사실이거나 사실에 가깝다. 따라서 데이터를 기반으로 한 의사결정이 리더의 경험으로 의사결정을 할 때보다 오류가 적을 수밖에 없다.

물론 데이터를 수집하기 위해서는 시간, 비용, 노력 등이 필요하다.

올라운드 리더십

그럼에도 불구하고 이러한 과정에서 얻은 데이터는 리더의 의사결정
에 있어서 큰 도움이 될 것이다. 데이터를 수집하는 과정에서 시간이
오래 걸리거나, 번거롭다고 해서 생략한다면 잘못된 의사결정을 하게
될 것이다. 그리고 잘못된 의사결정에 대한 뒷수습을 하는 데 더 큰 대
가를 감당해야 할지도 모른다.

리더라면 데이터를 기반한 의사결정을 하는 습관을 가져야 한다. 데
이터를 수합하는 역할을 하는 구성원이 이에 대해서 반대하더라도 데
이터 수합하는 역할의 중요함에 대해 리더로서 구성원에게 충분하게
설명 및 설득해야 한다. 처음에는 데이터를 수합하는 일이 번거롭겠
지만, 리더가 데이터를 반영한 의사결정을 하는 모습을 구성원과 공
유한다면, 구성원 또한 이 과정의 필요성에 대해서 깨닫고 리더의 편
이 되어 힘을 실어 줄 것이다.

◆ 체크리스트 ◆

◆ 직관보다 객관적인 데이터에 기반해 의사결정하는가?

◆ 앞으로의 계획

25

결정했으면 실천에 집중한다

"한번 결정한 내용은
특별한 이유가 없다면, 번복하지 않는다."

어떤 행동을 하기 전에는 보통 생각을 한다. 별다른 생각 없이 본능이나 습관에 따라 행동하는 경우도 있기는 하지만, 보통 사람들은 생각을 하고 행동한다.

행동해야 하는 주제에 따라서 생각의 정도에 차이가 있다. 예를 들어, 저녁식사 메뉴를 정하는 것은 잠깐의 생각이 필요하다면, 업무 프로젝트를 기획하는 단계에서 하는 생각에는 더 많고 깊이 있는 생각이 필요하다.

하루 동안 이뤄지는 모든 일을 신중하게 생각하고 결정할 수 없기 때문에, 일의 경중에 따라서 생각하는 시간과 정도를 다르게 하고 결정해야 한다. 그다음에는 결정한 내용에 대해서는 더 이상 처음 단계 수준의 생각으로 돌아가지 말고 실천에 집중해서 옮겨야 한다.

리더의 경우, 정확하고 신속한 의사결정이 중요하다. 그래야 일이 원만하게 진행될 수 있다. 결정에 자신이 없어 회피하게 된다면, 결국 그 일은 시간이 지날수록 결과를 만들어 내기가 어려워지게 된다. 그 일을 맡은 구성원의 입장에서는 나쁜 결과가 나오게 되면, 시간을 허비했던 리더를 원망할 수 있다.

일단 리더는 결정한 내용에 대해서는 일이 되는 방향으로 가게끔 실천에 집중할 수 있는 분위기를 조성해야 한다. 가끔 리더나 구성원 중에서 실천 과정에서 의심을 가지고, 처음 생각 단계로 돌아가려는 스타일의 사람들이 있다. 그뿐만 아니라 자신의 생각을 다른 주변 사람들에게 동조를 구해서 결국 일이 안 되게끔 하는 사례도 있다.

이러한 일이 일어나지 않도록 리더는 사전 예방에 신경 써야 한다. 구성원들에게 정해진 결정에 대해서는 다 같이 실천에 집중하는 것으로 함께 다짐하는 절차를 거치는 것이 좋다. 실천 과정에서 다른 의견이 있는 경우에는 리더에게 직접 말해서 개선 의견을 나누도록 안내하는 것도 하나의 방법이다.

누구보다 리더 자신이 실천하는 과정에서 흔들리면 안 된다. 리더가 집중하는 모습을 보여 줘야 구성원도 함께 집중할 수 있기 때문이다.

◆· 체크리스트 ·◆

◆ 결정된 사안에 대해 망설임 없이 실천에 집중하는가?

◆ 앞으로의 계획

26

문제해결력을 발휘한다

❧

"리더로서 실력 정도는
문제해결력을 통해 파악할 수 있다."

　조직에서 리더가 왜 필요한가? 리더의 가장 중요한 역할 중에 하나는 바로 조직에서 일어난 문제를 해결하는 능력이다. 리더가 아무리 인성이 좋더라도, 조직에서 일어난 문제를 해결하지 못한다면 리더로서 적합한 사람은 아니라고 판단할 수 있다.

　리더는 문제해결력이 있어야 한다. 그럼 리더는 어떤 과정을 통해서 문제해결력을 갖출 수 있을까? 리더는 구성원 시절부터 리더 역할을 수행하는 과정 동안 조직에서 직접 문제를 해결한 다양한 경험을 가지고 있으면 유리하다. 직접 문제를 해결한 경험이 있으면 가장 좋지만, 주변의 사례를 살펴봄을 통해 문제해결을 간접경험한 것도 큰 도움이 될 것이다.

　또한, 리더로서 중요한 것은 문제해결에 대한 적극적 의지이다. 누구나 문제 상황이나 갈등 상황은 피하고 싶다. 나서고 싶지 않고, 외면하고 싶다. 그럼에도 불구하고 리더라면 시간이 지나서 자연 해소되지 않을 문제 상황이나 갈등 상황에 대해서 직접 앞장서야 한다. 문제해결을 위한 최선의 방안을 선택했다면, 눈앞의 비판이나 비난받는 것을 두려워해서는 안 된다. 구성원과 함께 문제해결 방안을 끝까지 추진해서 일을 매듭져야 한다. 이것이 조직과 구성원이 기대하는 리더의 모습이다.

리더라고 해서 좋은 말만 하고, 솔선수범하는 것에 그 역할이 머물러서는 안 된다. 그런 리더는 인성만 좋은 사람이라면 누구나 할 수 있다. 진정한 리더는 조직의 당면한 문제를 해결하기 위해 때로는 구성원을 설득하면서, 자신이 속한 조직이 조금씩 더 앞으로 나아갈 수 있도록 앞장서야 한다. 리더가 좋은 말만 하고, 문제 상황은 외면해서 구성원이 알아서 해결하게끔 한다면, 그런 리더는 구성원으로부터 신뢰를 얻기가 어렵다.

리더가 할 일은 리더가 하고, 구성원이 할 일은 구성원이 하면 된다. 리더가 직접 해야 할 일을 구성원에게 미루지 말자. 리더가 못 할 일을 구성원이 하게 하는 것 자체가 리더로서 이미 실격이다. 마지못해 구성원이 리더가 해야 할 일을 하더라도, 그 결과가 좋게 나올 가능성이 거의 없다. 그런 경우, 못난 리더는 자신 대신 노력했지만 결과가 좋지 않은 구성원을 탓할 것이 뻔하다. 그런 조직이 장기적으로 제대로 운영되기는 어려울 것이다.

리더가 되었다면 문제해결력을 보여 주자. 리더가 막상 되었는데, 자신에게 문제해결력이 없다고 스스로 느껴진다면, 이제라도 문제해결력을 갖추도록 노력하자. 자신보다 앞서 리더가 되었던 사람들에게 물어보자. 독서나 영상을 통해 유사 사례를 어떻게 해결했는지 검색해 보자. 그럴 의지도 없다면, 리더 자리를 내려놓아야 하는 것이 모두를 위해 맞다.

문제해결을 못 할까 봐 두려워하지 말고, 리더가 이런저런 방법을 찾아서 실행하다 보면 분명 시일이 걸리더라도 어떻게든 해결될 것이다. 문제해결을 포기하지 말자. 이렇게 리더가 노력하는 모습을 보이면, 많은 구성원들도 힘을 다해 리더를 도울 것이다.

◆· 체크리스트 ·◆

◆ 문제해결책을 내는 것은 물론 직접 실행에 나서는가?

◆ 앞으로의 계획

27

급하게 서두르지 않는다

"급하게 추진하는 일은
부작용으로 인해 후회하는 경우가 많다."

직장생활을 하다 보면 다양한 사람을 만나게 된다. 내가 만난 사람 중에 가장 닮고 싶은 사람의 유형은 바로 급하게 서두르지 않으면서도 많은 일 또는 절차가 복잡한 일을 잘 해내는 사람이다. 일 잘하는 사람은 상급자나 동료에게 대체로 여유 있는 모습을 보인다.

어떻게 많은 일을 하면서 또는 절차가 복잡한 일을 하면서 급하게 서두르지 않을 수 있을까? 정말 궁금했다. 내가 생각한 이유는 다음 3가지와 같다.

첫째, 일을 계획적으로 한다. 어떤 일을 시작하게 되면, 이 일이 끝나기 위해서 과정이 어떻게 되어야 하는지 그림을 그리면서, 구체적인 일정을 세운다. 일을 하다 보면 그 일정은 앞뒤로 조금씩 달라질 수도 있지만, 계획을 잘 세우면 목표한 날까지 완료할 수 있다.

둘째, 해당 일에 대해 경험이 있는 동료 또는 전문가에게 조언을 구한다. 새로운 형태의 일이라고 할지라도 잘 생각해 보면, 가장 유사한 일을 했던 동료나 전문가가 분명히 있다. 소중한 조언을 구하고 실천에 옮긴다면, 일을 마치기 위한 시간과 노력을 많이 줄일 수 있다. 일의 결과물 수준도 높아질 것이다.

셋째, 일을 혼자 끌어안지 않는다. 동료의 도움이 필요하면, 동료가 하는 일이 방해되지 않는 수준에서 도움을 요청한다. 혼자 하면 오랜 시간이 걸릴 일을 여러 동료와 집중해서 함께 하면, 시너지 효과를 통해 단시간에 끝낼 수 있다. 동료의 도움을 받기 위해서는 평소에 자신도 동료가 바쁠 때 돕는 습관을 가져야 한다.

그런데 가끔 어쩔 수 없이 긴급한 사안에 따라 빠른 의사결정을 통해 일이 진행될 때도 있다. 하지만 어쩔 수 없이 서둘러서 일을 하는 와중에도 중요하게 검토해야 할 사항이 무엇인지, 의사결정대로 일을 추진했을 때 발생할 수 있는 최악의 상황은 무엇인지 예상하고 이를 피할 수 있는 방안을 모색해야 한다.

개인적인 경험을 돌아보면, 일을 급하게 서두르다 보면 예상하지 못한 문제를 만나게 되는 경우가 종종 있었다. 당시에 '조금 더 신중하게 접근하면 좋았을걸.'이라는 아쉬움이 남았지만, 예상하지 못한 문제를 다시 해결하는 과정을 통해 그런대로 경험을 통해 배울 수 있는 기회였다.

특히 리더가 일을 급하게 서두르면, 구성원들이 불안해할 수 있다는 점을 명심해야 한다. 급할수록 돌아가야 한다는 말처럼, 리더의 마음이 급하더라도 구성원의 의견이나 입장을 고려하면서, 일을 추진해야 한다. 이러한 리더의 태도가 장기적으로 이어지면, 구성원들에게 좋은 신뢰를 받을 수 있을 것이다.

 올라운드 리더십

◆ 급할수록 여유를 가지고 서두르지 않는가?

◆ 앞으로의 계획

28

즉흥적인 의사결정을 피한다

"리더의 즉흥적인 의사결정은
예상할 수 없는 결과를 초래한다."

상위 리더가 되어 갈수록 의사결정을 해야 할 순간들이 많아진다. 어떻게 결정하더라도 크게 무리가 없는 내용이라면, 리더는 자신의 의사결정에 큰 부담을 느끼지 않는다. 그러나 의사결정을 어떻게 하느냐에 따라 앞으로 조직의 행보나 많은 구성원들의 인사나 업무에 직접적인 영향을 주는 내용이라면, 리더의 의사결정은 신중해야 한다.

리더의 신중한 의사결정을 위해 필요한 사항은 다음과 같다.

첫째, 정보를 모은다. 예를 들어, 이전에 같거나 비슷한 내용에 대해 어떤 의사결정이 있었는지 업무 담당 구성원을 통해 확인하게 하고 보고를 받는다. 그리고 그 의사결정에 따라 어떤 결과가 있었는지도 파악한다. 이렇게 당시 의사결정 내용과 결과를 파악하면, 현재 해야 하는 의사결정에 큰 도움이 될 것이다.

둘째, 구성원들에게 의견을 묻는다. 리더 혼자 하는 의사결정보다는 구성원들과 함께 집단지성을 통해 나온 의사결정이 리더 혼자서 잘못된 의사결정하는 것을 예방할 수 있다. 리더는 구성원들에게 의견을 묻고, 그런 의견을 제시하게 된 이유도 충분하게 경청할 필요가 있다. 이때, 리더가 구성원보다 먼저 자신의 의견을 말하지 않는 것이 좋다. 왜냐하면, 리더의 의견을 먼저 듣게 된 경우, 구성원이 솔직한 자신의 의견을 내는 데 영향을 줄 수 있기 때문이다.

셋째, 의사결정에 따른 결과를 미리 예측해 본다. 리더가 하고자 하는 의사결정이 미칠 파급에 대해서 의사결정 전에 예측해 본다. 긍정적인 결과도 예측해야겠지만, 가능한 최악의 상황 또한 예측해 봐야 한다. 의사결정에 따른 최악의 상황이 리더로서 수습이 불가능하거나, 조직에 이익보다 손해가 크다면 다른 의사결정으로 변경해서 다시 이 과정을 거쳐 본다.

그럼 잘못된 의사결정은 언제 나올까? 위의 3가지에서 제시한 것을 반대로 하면 된다. 의사결정에 필요한 정보를 모으지 않고, 리더 혼자 결정하고, 의사결정에 따른 결과를 예측하지 않는 것이다. 이러한 리더의 즉흥적인 의사결정은 나중에 문제를 일으킬 가능성이 높다.

간혹 리더 자신의 경험을 통해 나온 직관을 믿고, 기존에 하기로 한 의사결정을 갑작스럽게 변경하는 경우가 있다. 물론 직관에 의한 즉흥적인 의사결정이 결과가 좋을 때도 있을 수 있다. 하지만 일반적으로 좋은 의사결정이 될 가능성은 충분하게 논의된 내용을 통해 신중하게 한 의사결정이라는 것을 리더는 생각해야 한다.

어떤 조직이든 리더의 중요한 자질 중에 하나는 의사결정 능력이다. 좋은 의사결정이 연속되면, 조직의 성과로 이어지는 것은 물론 리더는 구성원들로부터 신뢰를 얻게 된다. 반대로 나쁜 의사결정이 연속되면, 조직에 부정적인 영향을 줄 뿐만 아니라 리더의 자리 또한 위협을 받게 된다. 나쁜 의사결정을 계속하고 있는 리더를 그냥 지켜만 보고 있는 조직은 많지 않다.

리더로서 작은 일도 신중하게 의사결정하고, 결정된 일이 올바르게 추진될 수 있도록 구성원을 이끌어 가는 모습을 보여 준다면, 리더와 구성원 모두 성장의 경험을 할 수 있을 것이다.

◆· 체크리스트 ·◆

◆ 감정이나 분위기에 휩쓸려 즉흥적인 의사결정을 하는가?

◆ 앞으로의 계획

올라운드 리더십

29

위기를 잘 버텨 낸다

❧

"위기를 버티고 극복하면,
어느새 더 큰 리더가 되어 있다."

누구나 살면서 위기가 찾아온다. 항상 내 인생이 좋은 일로 가득하기를 기대한다. 하지만 여러 사람들과 어울려 살다 보면 갈등이 있을 수 있다. 또한, 나이가 들어가면서 건강 문제도 나타나게 마련이다. 불의의 사고가 있을 수 있다.

어떻게 우리는 인생의 위기를 잘 견뎌 내야 할까? 특히 조직에서 리더가 위기를 맞으면, 구성원에게도 곧바로 위기가 될 수 있다. 리더는 어떻게 위기를 잘 견뎌 내야 할까? 내가 생각하는 몇 가지 방법을 공유해 본다.

첫째, 위기에 대해서 걱정만 하기보다는 할 수 있는 일을 찾아 실천한다. 사실 위기는 시간이 지나면 저절로 해결되는 부분도 많다. 위기의 원인에 대해서 분석하고, 위기를 해결하기 위한 방법을 세부적으로 쪼개서 나눠 본다. 그리고 차분하게 해결을 위한 실천을 하나씩 옮겨 본다.

둘째, 위기 뒤에는 분명 기회가 있을 거라고 믿는다. 위기(危機)라는 말에는 위기와 기회가 함께 존재한다는 주장도 있다. 중요한 일을 하다 보니, 위기가 생기는 것이다. 별다른 일을 하지 않으면, 위기라는 것도 있을 수 없다. 위기를 잘 극복하면, 곧 기회가 생길 것이라는 긍정적인 사고와 함께 구체적인 해결 방법을 찾아본다.

셋째, 위기를 해결하기 위해 주변에 도움을 요청한다. 특히, 이 상황이 위기인 것을 혼자만 알고 있으면, 나중에 더 곤란할 수 있다. 주변에 도움을 받을 수 있는 사람들에게 상황을 설명하고, 필요한 도움을 요청한다. 이를 위해서는 자신도 평소에 다른 사람들을 도운 경험이나 도우려는 자세가 있어야 한다.

인생의 위기를 잘 견디지 못하고, 극단적인 행동을 하는 리더를 볼 수 있다. 예를 들면, 일을 포기하는 수준을 넘어, 충동적으로 직업을 그만두는 경우가 있다. 또는, 위기와 관련 있는 사람들에게 함부로 말을 해서 돌이킬 수 없는 관계를 만든다. 이러한 리더의 극단적인 행동은 할 때는 시원하겠지만, 두고두고 후회를 남길 수 있다.

위기가 오는 것은 누구나 두렵다. 위기가 끝난 후에 다시 예전처럼 회복이 불가능한 건 아닐지 심리적으로 걱정되고, 이것은 스트레스로 연결되어 정신적 건강을 해칠 수 있다. 리더라면 위기를 만났을 때, 이 위기를 견디고 극복함으로써 더 그릇이 큰 리더가 될 수 있다는 믿음을 가져야 한다. 위기를 견딘 경험 없이, 좋은 일만 있었던 리더가 있을 수 없다. 혹시 그런 리더가 있다고 하더라도 너무 늦은 시기에 위기를 겪게 되면, 위기를 견디는 방법을 몰라서 포기하게 될지도 모른다.

   올라운드 리더십

리더라면 위기에 대해서 더 나은 미래를 대비하기 위해 필요한 예방 주사를 맞는다는 각오로 접근할 필요가 있다. 실제로 어려운 위기가 지나고 나면, 리더 주변에는 더욱 일을 성취하기 위해 좋은 여건이 형성되는 경우를 여러 차례 봤다. 리더로서 위기를 만나더라도 겁먹지 말고, 잘 견뎌 보자.

◆ 체크리스트 ◆

◆ 위기 상황에서 평정심을 유지하고 버텨 낼 수 있는가?

◆ 앞으로의 계획

30

리더의 판단이 옳지 않을 수 있음을 인정한다

“리더는 리더일 뿐, 신이 아니다.”

조직에서 어떤 일을 결정할 때, 최종적으로는 리더의 판단이 중요하다. 구성원들은 리더가 어떤 결정을 내릴지 기다린다. 그 결정에 따라 일의 목표를 향해 리더와 구성원은 함께 움직인다.

사실 일을 결정할 때 옳고 그름이라는 것이 존재하지 않을 때도 많다. 정답은 없고, 선택의 문제에 가깝다. 예를 들어, A라는 선택을 했을 때의 장단점과 B라는 선택을 했을 때의 장단점이 있을 뿐이다. 또한, 어떤 선택을 하느냐에 따라 이득과 손해를 보는 사람들이 달라질 수 있다. 그래서 리더의 결정이 어렵다.

따라서, 리더는 전체적인 상황과 맥락을 고려하여, 일을 어떻게 할 것인지 결정해야 한다. 일을 하는 과정에서 변수는 무엇일지, 예상되는 일의 결과에 대한 시나리오는 무엇이 있을지 사전에 예측 및 판단해야 한다. 리더가 예측 및 판단할 때에는 현재 상황과 유사한 자신의 과거 경험에 의존해서 판단하기보다는 이와 관련한 데이터, 구성원의 의견, 인근 조직에서 있었던 사례와 결과 등을 통해 종합적으로 판단하는 것이 좋다.

이처럼 리더가 일에 대해서 신중하게 접근해서 해결하는 과정 자체는 조직은 물론 함께 일하는 구성원에게 긍정적인 메시지를 줄 수 있다. 일을 결과까지 좋으면 말할 나위 없이 완벽하다. 리더와 구성원 모두 성취감을 느끼게 된다.

하지만 반대로 이렇게 리더가 열심히 노력하고 나름 최선의 판단을 했음에도 불구하고, 일의 과정에서 문제가 생기거나 일의 결과가 불만족스러울 수 있다. 그럴 때 리더는 어떻게 생각하고, 행동해야 하는가?

우선 리더는 자신의 판단이 언제든지 틀릴 수 있다는 점을 평소에 인지하고 있어야 한다. 리더뿐만 아니라 누구라도 열심히 연구하고, 노력해도 틀릴 수 있음을 인정한다. 리더는 자신의 판단이 틀렸다는 것을 깨닫게 되면, 그 순간은 창피하기도 하고 괴로울 수 있다. 그 순간을 회피하거나 어쩔 수 없는 상황에 대해 다른 사람의 탓을 하고 싶은 충동을 느낄 것이다. 하지만 리더 자신이 언제든지 틀릴 수 있다는 사실을 겸허하게 받아들이면, 잘못된 순간에 덜 당황하고, 합리적인 대처가 가능할 것이다.

또한, 리더는 잘못된 결과를 성장의 기회로 삼아야 한다. 사람들은 성장에 대해서 성공 경험이 연속될 때 잘 이루어진다고 생각하지만, 실제로는 실패를 극복하는 과정을 통해서 더 큰 성장의 바탕을 만들 수 있다. 연속된 성공 경험은 그 자체로는 바람직하지만, 성공 경험만 있고 갑자기 큰 실패나 시련이 왔을 때 대처하는 방법을 모르는 사람에게는 그 사람을 한 번에 쓰러뜨릴 수 있는 치명타가 될 수 있음을 명심해야 한다.

리더에게는 자신감이 절대적으로 필요하지만, 동시에 겸손한 마음도 가지고 있어야 한다. 리더도 틀릴 수 있다. 하지만 틀린 것 자체가 창피한 일이 아니다. 틀렸을 때 이를 극복하기 위해 어떤 노력과 태도를 갖느냐가 더 중요하다. 리더의 이런 모습을 구성원들도 관심을 가지고 지켜보고 있을 것이다. 직접적으로 표현을 하지 않을 뿐이다. 리더도 계속 학습과 성장이 필요한 이유다.

◆ **체크리스트** ◆

◆ 리더의 판단이 틀릴 수 있음을 인정하고 일을 하는가?

◆ 앞으로의 계획

31

자신의 리더에게 팔로워 역할을 충실하게 한다

조직의 가장 상위층에 속한 리더를 제외하고, 많은 리더들은 자신의 리더의 팔로워가 된다. 중간관리자나 팀장인 리더는 자신의 리더에게 중요한 구성원 중 한 명의 역할을 한다.

중간관리자와 팀장은 구성원에게 리더십을 잘 발휘해서 조직을 이끌어 가는 역할을 해야 한다. 또한, 자신의 리더에 대한 팔로워 역할을 잘하는 것에도 관심을 두고 실행해야 한다.

이처럼 중간관리자와 팀장은 리더십과 팔로워십을 둘 다 발휘해야 한다는 점에서 역할갈등이 생길 때가 많다. 그래서 흔히 '샌드위치 되어서 이러지도 저러지도 못하고 있다'라는 말을 하기도 한다.

이러한 어려움 때문에 중간관리자와 팀장 중에는 아예 한쪽 노선만 선택하는 경우도 있다. 자신의 구성원에게 리더십을 발휘하는 것에만 신경을 쓴다든지, 아니면 반대로 자신의 리더의 눈치만 살피는 팔로워십에 더 신경을 쓰는 성향의 사람이 되는 것이다.

리더십과 팔로워십의 균형점을 찾기는 정말 어렵다. 하지만 이를 포기하지 않고, 끊임없이 균형점을 찾기 위해서 노력해야 한다. 이러한 중간관리자와 팀장의 노력은 조직의 좋은 성과나 긍정적인 분위기를 만드는 것에 틀림없이 중요하게 작용하기 때문이다.

그리고 리더의 팔로워십이 중요한 이유 중의 하나는 바로 다음과 같다. 리더 본인부터 자신의 리더가 내린 지시를 듣지 않는다면, 자신이 속한 구성원들도 이 모습을 보면서 리더의 지시를 따르지 않을 가능성이 높다. '윗물이 맑아야 아랫물도 맑다.'는 말을 떠올려 볼 필요가 있다. 자신의 리더와 의견이 다르더라도, 일단 결정이 되면 충실하게 이를 수행하는 모습을 보여 줄 필요가 있다. 그렇게 해야 조직의 시스템이 제대로 작동될 수 있다.

간혹 자신은 리더의 말을 따르지 않으면서, 자신의 구성원들이 자신의 말을 따르지 않는다고 왜 그러는지 이해가 안 된다고 불평불만을 하는 사람들이 있다. 구성원들이 자신의 지시를 따르지 않는다면, 구성원들만 탓할 것이 아니라 자신의 평소 모습을 되돌아볼 필요가 있다. '나는 과연 나의 리더의 지시를 잘 수행했는가? 이런저런 이유를 대고, 리더의 지시를 회피하지 않았는가?'를 말이다.

리더는 자신의 역할에 대해서 상황에 따라 수시로 확인하면서, 리더십만큼이나 팔로워십을 수행하는 것이 어렵더라도 중요하다는 인식을 가질 필요가 있다.

◆ 상위 리더의 지침에 충실한 팔로워 역할을 하는가?

◆ 앞으로의 계획

32

자리에 연연하지 않는다

어느 조직이나 인사 발표 시기가 되면, 하마평이 무성해진다. 내가 근무하는 기관장, 부서장에는 어떤 분이 오시게 될지 미리 궁금해하는 것은 정상적인 반응이다. 조직에서 어떤 상급자와 함께 근무하는가는 직장생활 만족도에 매우 결정적인 영향을 주기 때문이다.

리더의 위치에 있는 개인 또한 자신이 어느 기관 및 부서에 발령이 날 것인가에 대해 어느 누구보다 관심이 있을 수밖에 없다. 그럼 리더는 일반적으로 어느 자리를 선호할까? 대표적으로 선호하는 3가지 자리는 다음과 같다.

첫째, 성과를 인정받아 승진을 기대할 수 있는 자리를 선호한다. 승진은 개인이 기쁨을 느낄 수 있는 직장생활의 꽃 중 하나이다. 리더로 인정받는 것은 이미 승진했다는 의미이지만 승진을 통해 더 이상 올라갈 자리가 남아 있다면, 다음 승진 자리를 생각하게 될 것이다. 따라서, 승진을 위해서는 성과를 인정받을 수 있는 자리를 선호하게 된다.

우리는 그런 자리를 흔히 '요직'이라고 말한다.

둘째, 근무 환경이 좋은 자리를 선호한다. 교통 접근성이 높은 편인 것이 중요하다. 자신의 주거지와 가깝거나, 대중교통으로 이동하기 좋은 곳이길 바란다. 또한, 근무하는 건물과 사무실이 가급적 신축이거나 리모델링을 완료한 곳을 선호한다. 근무하는 곳 주변에 공원, 맛집, 카페 등 즐길 거리가 많으면 더욱 근무 의욕이 높아질 것이다.

셋째, 좋은 구성원이 많은 근무지를 선호한다. 일할 능력과 의욕이 충만한 직원이 많은 곳을 희망할 것이다. 특히, 직장 내 문제 직원이 있어 골치 아픈 직장은 희망하지 않을 것이다. 리더 입장에서는 본능적으로 문제 직원을 대하거나, 문제 상황을 마주하고 싶지 않기 때문이다. 아마도 구성원들 입장에서는 새로운 리더가 부임하게 되면, 문제 직원이나 문제 상황을 해결해 주길 바라는 높은 기대를 가지고 있을 것이다.

이 외에도 여러 가지 이유로 분명히 리더 입장에서 각자 선호하는 근무지가 있을 것이다. 이처럼 선호하는 근무지가 있는 것은 자연스러운 생각이다. 오히려 선호하는 근무지가 없다는 것은 아무 생각이 없거나, 근무지에 대한 정보가 부족하다는 의미이기 때문에 그것대로 그렇게 바람직하지는 않아 보인다.

하지만 제대로 된 리더라면, 선호하는 근무지에 대한 입장이 있다고 하더라도 실제로는 자리에 연연하지 않는 마음을 가져야 한다. 때로는 사람들이 비선호하는 자리에 발령을 받더라도 태연한 마음가짐을 가질 필요가 있다.

리더로서 내가 가는 자리가 지금으로서는 가장 좋은 자리라는 생각을 가져야 한다. 발령 이전에 생각했던 선호 근무지에 대한 미련과 아쉬움은 기억 속에서 지워야 한다. 그래야 마음을 다잡고 리더로서 해당 근무지에서 올바른 역할을 수행할 수 있다.

발령 결과가 마음에 들지 않는다고 해서, 여기저기에 누군가를 탓하거나 푸념하는 것은 다른 사람 입장에서는 보기가 좋지 않다. 이러한 언행은 발령 이후 자신의 평판 관리에 부정적인 영향을 줄 수 있다. 다른 사람들로 하여금 자신에 대한 신뢰를 잃게 한다. 또한, '저 사람이 저렇기 때문에 요직에 발령 나기 어렵겠구나.'라는 생각을 갖게 한다.

오히려 애써 태연자약(泰然自若)한 모습을 보이면서 충실하게 그 자리에서 리더의 역할을 수행한다면, 사람들은 그 리더에게 원래의 능력과 태도보다 2배 이상의 신뢰와 믿음을 보일 것이다. 그러한 신뢰와 믿음이 모이면, 다음 기회에 그 리더를 더 높은 자리나, 그 리더가 원했던 자리에 데려다줄 수 있는 소중한 바탕이 분명 될 것이다.

그리고 보통 기대한 자리는 실제로는 기대보다 못한 경우가 많다. 반대로 기대를 안 한 자리는 막상 발령 나서 가 보면, 예상보다 장점이 많은 경우가 있다. 따라서, 리더라면 자리에 지나치게 연연하지 않고, 내가 발령 나서 가는 자리를 더욱 좋게 만들겠다는 각오와 실천이 더 필요하겠다.

◆ 맡은 자리에 연연하지 않고, 정해진 역할에 집중하는가?

◆ 앞으로의 계획

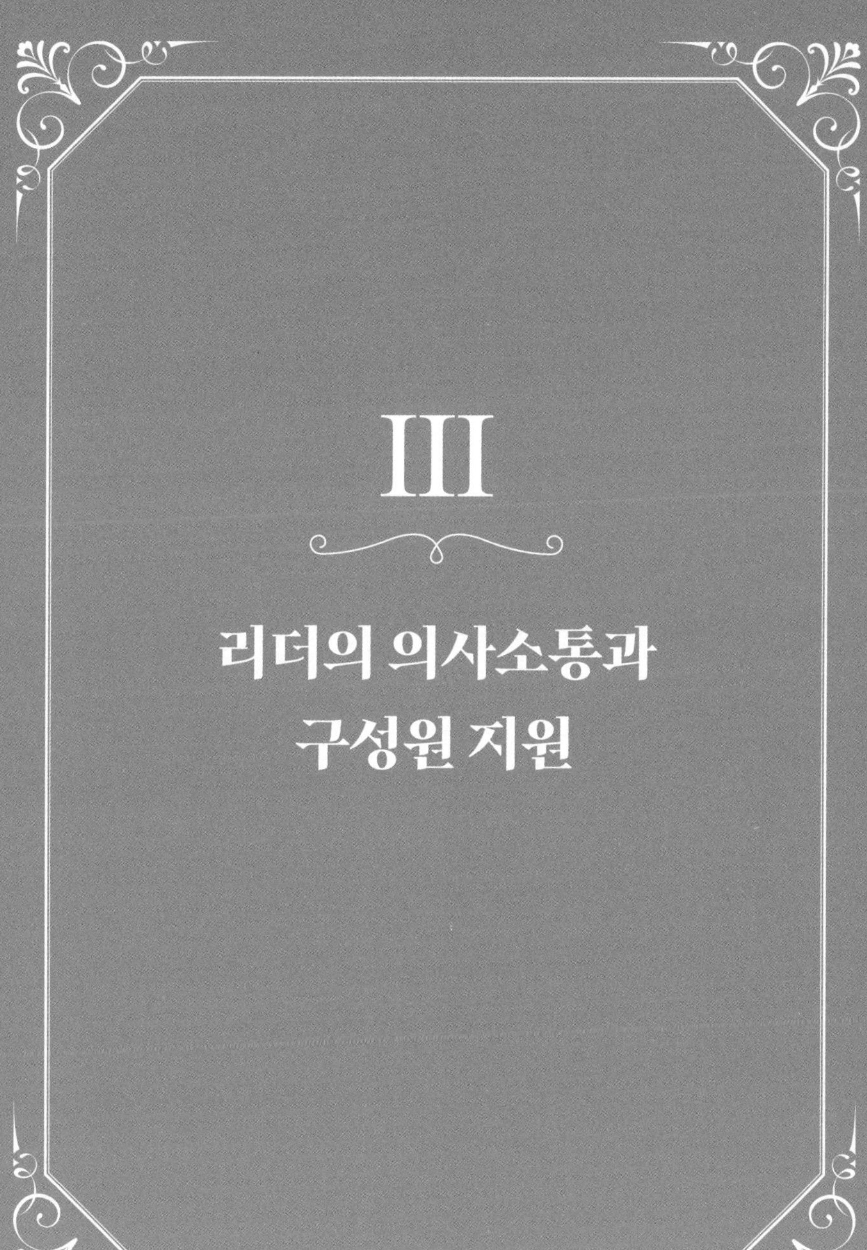

III

리더의 의사소통과 구성원 지원

33

구성원의 성장에 관심을 갖는다

❧

“리더는 당장의 일만 생각하지 말고,
구성원의 진로도 챙겨야 한다.”

사람이라면 누구나 성장하고 싶은 욕구가 있다. 당장 내 앞에 해결해야 하는 일로 인해 나의 성장에 대해 심도 있는 계획을 세우고 있지 못할 뿐이다. 내 앞의 일이 급하거나 버거우면, 성장에 대한 고민을 할 여력이 없다. 그런 고민이 사치처럼 느껴질 수도 있다.

그런 와중에 리더가 구성원에게 구성원의 성장에 대한 계획을 묻는다면 주로 다음의 두 가지 반응일 것이다. 첫 번째 반응은 '왜 갑자기 나한테 그런 걸 묻지? 저분이 요즘 한가하신가?'라는 다소 부정적인 반응. 두 번째 반응은 '이 바쁜 와중에 나의 성장 계획에 대해서 관심을 가져 주시다니 감사한데?'라는 긍정적인 반응이다.

직장인은 대체로 계속 바쁘다. 리더는 구성원보다 신경 쓸 일이 많고, 더 바쁘기 때문에 구성원의 성장까지 구체적으로 챙길 여력이 없다. 그저 자기 팀 구성원들이 사고 없이 맡은 일을 무사히 잘 해내서 팀에 피해를 끼치지 않게 하는 것이 솔직한 심정일 것이다. 이런 리더의 심정을 나쁘다고만 볼 수 없다. 바쁜 와중에 구성원의 성장에 대해서 관심을 가지고, 함께 고민해 보고자 하는 리더가 대단한 것이다.

구성원의 성장에 대한 리더의 관심이 비단 구성원에게만 도움이 되는 것이 아니다. 리더에게도 도움이 된다. 구성원이 성장하기 위해서는 결국 일을 잘해야 하는 과정이 필요하기 때문이다. 성장에 대한 관심은 일을 잘할 수 있도록 하는 충분한 동기부여를 제공할 수 있다.

또한, 리더에 대한 구성원의 긍정적인 인상과 충성심을 불러일으킬 수 있다. 만약 업무적으로 동시에 두 리더(A: 나의 성장에 관심 있는 리더, B: 나의 성장에 관심 없는 리더)와 함께 업무를 진행해야 하는 상황이라면, 구성원들은 어떤 리더와 함께 하는 일에 정성을 쏟을까? 굳이 답을 말하지 않아도 A 리더라는 사실을 알 수 있다.

이러한 상황을 진정한 'Win-Win'이라고 할 수 있다. 실제로 구성원별로 적성과 희망에 진지하게 관심을 갖고, 그들의 성장을 고려하여 업무분장을 하시는 리더와 함께 근무한 경험을 떠올려 보면, 이러한 리더의 노력은 당장 구성원들의 성장 결과를 보여 주지는 않았다. 하지만 짧으면 몇 개월, 길면 몇 년의 시간이 흘러서 보면, '그 리더의 안목이 결국 맞았구나.'라고 깨달음을 주는 순간이 온다.

물론 구성원 모두가 성장하면 좋겠지만, 그렇지 않은 경우도 있을 수 있다. 마치 밭에 뿌린 모든 씨앗이 나중에 열매를 맺지 못하는 것에 비유할 수 있다. 열매를 맺지 못한 씨앗에 지나치게 집중하거나 신경 쓰면 안 된다. 리더는 열매를 맺은 씨앗을 칭찬하고 격려하는 데 집중해야 한다.

리더는 구성원의 성장에 관심을 가지는 것이 절대 오지랖이 아니다. 구성원의 성장에 충분하게 관심을 가지고 표현해야 한다. 그 관심 자체만으로도 훌륭하지만, 가급적 조금이라도 실제적인 도움이 된다면 더욱 좋은 일이다.

<hr>

◆ 체크리스트 ◆

◆ 구성원 개개인의 경력 성장에 진심으로 관심을 갖는가?

◆ 앞으로의 계획

34

구성원을 공정하게 대한다

“구성원은 능력 있는 리더보다
공정한 리더를 선호한다.”

열 손가락 깨물어서 안 아픈 손가락은 없다. 다만 아픈 정도가 다를
수는 있다. 리더가 함께 일하는 여러 구성원 중에는 개인적으로 마음
이 쓰여서 더 잘해 주고 싶은 구성원이 있고, 그렇지 않고 무언가 얄미
운 구성원이 있을 수 있다. 리더 역시 사람이기 때문에 구성원에 따른
감정이나 의견이 있는 것은 당연하고 자연스러운 것이다.

하지만 리더라면 그러한 감정과 의견을 구성원들에게 드러내서는
곤란하다. 구성원들은 리더가 자신에게 하는 말과 행동에 따라서 구
성원 각자를 어떻게 평가하고 있을지 이미 예측하고 있다. 리더는 그
예측을 굳이 구성원들 앞에서 확인시켜 줄 필요가 없다. 확인시켜 주
는 순간 리더 역시 구설에 오르게 되고, 리더 역할을 제대로 수행하기
어려울 수 있기 때문이다.

그리고 리더는 구성원 각자에 대한 모든 정보를 알고 있는 것은 아
니기 때문에 구성원에 대한 선입견에 빠지지 않도록 유의해야 한다.

리더가 가급적 구성원에 대한 많은 정보를 알고 있으면 좋지만, 모든 정보를 파악할 수는 없다. 따라서 구성원이 리더의 기대와 다른 말과 행동을 하더라도 섣불리 그 모습만 보고 리더가 구성원에 대한 판단을 하지 않도록 한다. 특히, 구성원 중에 리더에게 잘 보여서 좋은 인상을 얻는 반면, 동료 구성원들이 일하는 데에는 어려움을 주는 구성원은 없는지 잘 살펴볼 필요가 있다.

리더는 '공정'과 '공평'의 차이에 대해서 알고 행동해야 한다. 공정은 공평의 개념을 포함하여, 정당하게 대하는 것을 의미한다. 예를 들어, 일의 양이 많고, 성과가 있는 구성원과 그렇지 않은 구성원에게 다른 처우를 하는 것에 해당한다. 공평은 주로 결과의 평등을 의미한다. 예를 들어, 구성원이 일을 잘했거나 못했거나 일한 시간이 동일한 경우, 받은 보수 또한 동일한 것을 의미한다.

만약 리더가 '공정'이 아닌 '공평'에 초점을 두고 리더십을 발휘하는 경우, 구성원들은 어떤 모습을 보이게 될까? 일의 성과가 있으나 없으나 동일한 대우를 받게 되면, 일을 열심히 하고 싶은 동기부여가 되지 않을 것이다. 기존에 일을 열심히 하던 구성원들의 사기는 떨어질 것이며, 결과적으로 구성원들의 업무 성과가 하향평준화될 가능성이 매우 높다.

반대로 리더가 '공정'에 초점을 두고 리더십을 발휘하게 되면, 일의 성과를 통해 보상받고, 자신의 성장을 기대하는 구성원의 수가 많아질 것이다. 이를 통해 조직 또한 성장할 수 있고, 미래의 리더 역할을 할 수 있는 구성원을 양성하는 기회를 얻을 수 있다. 다만, 《공정하다는 착각》책의 내용처럼 구성원들이 개인 능력이나 환경의 차이로 인해서 능력을 발휘할 수 있는 출발점의 차이가 있을 수 있으니, 리더는 구성원들의 업무 출발점을 보정할 수 있도록 관심을 가져야 한다.

리더가 구성원들을 공정하게 대해야 하는 이유에 대해서 중점적으로 이야기했다. '일을 한 만큼 보상받는다'는 공정의 가치는 사회적으로 점차 중요하게 여겨지고 있다. 리더는 구성원 각자를 선입견으로 대하는 것이 아니라, 공정하게 대하고 있는지 수시로 스스로를 점검해야 하겠다.

◆ 체크리스트 ◆

◆ 친분, 학연, 지연 등에 치우치지 않고, 공정하게 대우하는가?

◆ 앞으로의 계획

35

지속적인 원온원(1on1)을 실천한다

"리더는 구성원이 무슨 생각을 하고 있는지
관심 가질 필요가 있다."

리더가 되면 예상했던 것보다 훨씬 바쁘다. 중간 리더는 구성원의 업무를 챙기면서 본인 실무를 해야 하며, 최종 결정권자인 리더는 조직에서 다양하게 벌어지고 있는 일에 대해 최대한 집중력을 발휘해서 옳은 의사결정을 해야 한다. 리더는 내외부적으로 만나야 하는 사람들도 많다.

이런 상황에서 구성원들과 지속적이고 균형 있는 원온원을 실천하기 어려운 것이 사실이다. 원온원이란, 기존의 일대일 면담과 유사한 개념으로 볼 수 있는데 일대일 면담이 업무에 초점을 두는 것이라면, 원온원은 업무보다는 구성원에 초점을 맞춘 대화라고 정의할 수 있다.

리더가 바쁨에도 불구하고 원온원을 실천해야 하는 이유는 다음과 같다.

첫째, 구성원의 상황을 정확하게 파악할 수 있다. 리더는 각각의 구성원에 대한 인상이나 선입견을 가질 수 있다. 원온원을 통해서 대화를 하

   올라운드 리더십

다 보면, 리더는 구성원에 대한 새로운 사실과 정보를 알게 될 것이다. 이 자체로서 리더는 구성원에 대한 이해가 기존보다 깊어질 수 있다.

둘째, 구성원을 목적 달성을 위한 수단으로 보려는 관점을 막아 준다. 조직이 목적을 달성하기 위해서 모인 것은 사실이다. 그런데 이 관점만을 지나치게 강조할 경우, 리더가 구성원을 수단으로만 보게 되는 경향에 빠질 수 있다. 원온원 대화를 지속적으로 한다면, 리더는 구성원을 수단보다는 사람 그 자체로 보는 관점을 강화시킬 수 있을 것이다.

셋째, 구성원으로부터 인간적 신뢰를 얻을 수 있다. 구성원이 리더와 매일 업무 중심의 대화만 하게 되면, 리더가 자신에 대해서 얼마나 인간적인 관심이 있는지 알지 못한다. 물론 리더와 구성원 모두 각자 자신의 역할에 따른 일을 할 뿐 서로 인간적인 관심을 가질 필요에 대해서 느끼지 못할 수 있다. 어떤 구성원은 리더가 아예 자신에 대해 관심을 가지지 않기를 바라기도 한다. 왜냐하면, 리더가 가지는 자신에 대한 관심이 결국 업무부과로 연결될 수 있다고 막연하게 생각하기 때문이다. 하지만 리더와 구성원의 원온원이 지속된다면, 서로에 대한 생각과 경험이 무엇인지 공유하는 과정을 통해 이해가 깊어지고 신뢰를 쌓을 수 있다. 이 과정은 좋은 성과를 가져올 가능성을 높이는 것은 물론 리더와 구성원 모두 인간적으로 성장하는 계기를 마련해 줄 것이다.

원온원을 실천하는 과정에서 리더가 유의해야 할 사항은 구성원이 많은 이야기를 할 수 있도록 이끌어 내야 한다는 것이다. 리더의 발언 비중이 높으면, 구성원의 만족도가 낮아지기 때문에 효과적인 원온원이 될 수 없다. 또한, 원온원이 이루어지는 자리에서 리더가 구성원에게 즉답으로 해결 방안을 제시해야 한다는 강박을 가질 필요가 없다. 우선 구성원의 이야기를 충분하게 들어 주고 조언이나 해결방안은 그 다음 원온원 기회에서 하는 것이 바람직하다.

리더가 바쁘다는 이유로 원온원을 실천하지 않는다면, 리더와 구성원 사이의 거리감은 점점 멀어질 것이다. 어떤 순간에는 리더가 구성원의 이야기를 듣는 과정이 힘들고 곤욕스러울 때도 있을 것이다. 하지만 리더와 구성원 사이의 지속적인 원온원이 이루어진다면, 앞에서 언급한 3가지 장점이 충분하게 발휘될 것이다.

◆ **체크리스트** ◆

◆ 형식적인 면담이 아닌 진심 어린 원온원을 정기적으로 하는가?

◆ 앞으로의 계획

36

구성원을 대할 때 여유로운 모습을 보인다

리더로 올라갈수록 관여해야 하는 일이 많아진다. 리더가 직접 해야 하는 고유의 업무를 수행해야 할 때가 있고, 구성원들이 일을 잘 추진하고 있는지 수시로 관리하고 보고받아야 하는 일들이 많다.

이런 업무 상황에서 리더가 여유를 가지기가 어렵다. 어떤 날에는 일과 중에 화장실 한 번 다녀오는 것도 어려울 정도로 사무실 자기 자리에 앉아 있으면, 끊임없이 구성원들의 보고와 검토 의견 제시가 이루어지기도 한다.

그럼 리더가 실제로 바쁘다고 해서, 바쁜 만큼 구성원들에게 바쁜 티를 내는 것은 바람직할까? 나는 그렇지 않다고 생각한다. 왜냐하면, 바쁜 티를 낸다고 해서, 덜 바빠지는 것이 아니기 때문이다. 그리고 어차피 리더로서 해야 할 일은 해야 하는 것이고, 구성원들이 리더 눈치만 더 자주 보게 될 것이다. 리더의 평판 또한 나빠질 가능성이 높다.

그래서 리더는 바쁠수록 구성원에게 여유로운 모습을 보여 줄 필요가 있다. 보고하고 있는 구성원과 눈을 마주치면서, 구성원이 하는 말에 경청하면서 보고를 받고 이에 따른 성의 있는 검토 의견을 제시해야 한다. 리더가 이런 모습을 구성원에게 반복적으로 보여 주면, 구성원의 입장에서 리더에게 보고하는 것에 대한 부담이 줄어들 수 있다. 또한, 구성원은 리더에 대한 점차 신뢰가 쌓일 것이다.

그럼 리더는 실제로 바쁘지만, 안 바쁘고 여유로운 척 리더로서 연기력만 향상시키면 되는 것인가? 그렇지 않다. 누구나 여유로운 척하는 것에 한계가 있다. 그래서 리더가 혼자 하는 고유의 일은 출근보다 이른 아침 시간, 퇴근 시간 이후 저녁 시간, 주말 시간 등을 활용해서 어느 정도 미리 해 놓는 것이 좋다. 그렇게 하면, 구성원 앞에서 여유로운 척만 하는 것이 아니라, 실제로 여유를 가지고 구성원과 협의할 수 있다.

리더의 여유로운 모습이 무엇보다 중요한 이유는 구성원이 리더에게 보고하거나 리더와 대화하는 것에 부담을 느끼게 해서는 안 된다는 것이다. 리더를 찾아온 구성원에게 집중하지 못하는 모습을 보이거나, '이런 일은 구성원이 알아서 하지 왜 이런 걸 나에게 물어보나'라는 표정을 짓게 되면, 구성원은 리더를 찾는 것이 꺼려진다.

구성원들이 리더를 찾아오지 않으면 리더는 이제 시간 여유도 생겼으니 편해지고 좋은 걸까? 절대 그렇지 않다. 조직 내에서 당장 눈에 보이지 않겠지만, 조직이 하는 일이 점차 낮은 성취로 이어진다는 사실이 하나씩 확인될 것이다.

리더이든 구성원이든 '나는 바쁘다.'라는 말을 입에 달고 다니는 사

올라운드 리더십

람은 일을 잘하는 사람처럼 보이지 않는다. 그 사람에게는 일을 더 이상 맡기고 싶지 않다. 오히려 남들이 보기에 객관적으로 많은 일을 맡은 것으로 보이지만, 그럼에도 불구하고 여유를 가지고 근무하는 리더나 구성원에게 일을 맡기고 싶다. 이런 사람들이 승진 등에 있어서 더 좋은 기회를 많이 가지게 될 것이다.

여기서 리더가 주의해야 할 점은 항상 여유로운 모습을 보여 주려고 하다가 감당하지 못할 만큼의 일을 맡거나 관리하게 되어서는 안 된다는 점이다. 그것은 리더 본인뿐만 아니라 조직에도 어려움을 줄 수 있기 때문에, 자신의 역량을 스스로 잘 파악해서 가능한 범위 내에서 일을 맡는 것이 좋다.

◆ 체크리스트 ◆

◆ 리더를 찾아온 구성원과 눈을 마주치고 대화하는가?

◆ 앞으로의 계획

37

구성원 입장에서 감정이입을 해 본다

“다른 사람의 일을
실제로 해 봐야 그 입장을 이해할 수 있다.”

현재 리더 중 대부분은 과거에 구성원이었던 시절이 있었을 것이다. 그런데 어떤 기회로 리더를 맡게 되고, 리더 역할이 길어질수록 구성원 시절의 기억은 점차 희미해질 가능성이 높다.

그럼 리더들은 자신이 구성원들의 생각과 마음을 어느 정도 이해하고 있다고 생각할까? 앞서 언급한 바와 같이 구성원 경험이 있는 리더는 자신이 구성원의 입장을 잘 이해하면서 리더 역할을 수행하고 있다고 스스로 믿고 있다. 자기객관화가 잘 안 되는 경우, 이 믿음은 더 심할 것이다.

하지만 대부분의 구성원이 하는 생각은 리더와 다르다. 자신의 리더가 구성원의 입장을 이해하지 못하는 경우가 많다고 인식한다. 이런 인식은 리더가 구성원이 원하는 판단과 반대의 의사결정을 많이 할수록 더 커질 것이다.

리더가 매번 구성원들이 원하는 대로 의사결정을 할 수 없다. 때로는 구성원이 원하지 않음에도 불구하고, 조직의 유지와 발전을 위해 불가피

  올라운드 리더십

하게 대다수 구성원의 의견과 다른 의사결정을 할 수 있다고 본다. 하지만 리더가 구성원의 의견이 크게 무리나 문제가 없는데도 반복해서 자주 구성원의 의견을 반영하지 않는 결정을 하게 되면, 구성원은 리더에 대한 피로감을 호소하게 된다. 이럴 때 아무리 리더의 의사결정이 논리적으로 맞을지라도 그런 유형의 리더는 구성원들에게 비호감을 살 수밖에 없다.

리더는 의사결정 과정에서 구성원의 입장에서 감정이입을 해 봐야 한다. '이렇게 최종 의사결정을 하게 되면, 구성원들에게 주는 영향은 무엇인가? 구성원들은 어떤 생각을 할까?'라는 질문을 리더 스스로 점검과정에 넣을 필요가 있다.

그리고 리더가 자신의 역할 수행으로 바쁘겠지만, 가끔 기회가 된다면 구성원이 하는 일을 직접 참여해 볼 필요가 있다. 구성원이 하는 일을 리더가 직접 해 보는 동안 구성원이 역할을 수행하는 데 어떤 어려움이 있는지 알게 된다. 또한, 리더가 머리로 예상했던 것과 실제가 다를 수 있다는 사실을 깨닫는 경험을 할 수 있다.

리더는 구성원이 없으면 존재할 수 없다. 리더가 최종 의사결정을 하지만, 그 과정에서 구성원을 존중하는 리더가 되어야 하겠다.

◆· 체크리스트 ·◆

◆ 구성원 입장이 되어 리더로서 충분히 공감해 보았는가?

◆ 앞으로의 계획

38

다양한 의견을 그 자체로 존중한다

조직 내에서 어떤 일을 추진해야 할 때, 구성원들은 각자의 의견을 가지고 있다. 그래서 리더가 여러 구성원에게 일의 기획이나 추진 전 단계에서 의견을 묻는 경우가 발생한다.

리더와 구성원의 의견이 일치하거나 유사할 경우, 일은 무리 없이 추진될 가능성이 높다. 그런데 일에 대한 리더와 구성원의 의견이 반대일 경우, 또는 구성원 간의 의견이 다양할 경우에는 일의 기획이나 추진 단계에서 어려움을 겪게 된다. 이러한 상황에서 일을 어떻게 해야 할지 리더는 고민에 처하게 된다.

이때 리더는 서둘러 일의 기획과 추진 방향을 결론짓기보다는 구성원의 다양한 의견을 충분하게 들어 봐야 한다. 왜 그런 의견을 가지게 되었는지 리더가 미처 생각하지 못했던 구성원의 경험과 입장을 파악할 필요가 있다. 특히 의견 수렴 과정에서 소외되는 구성원이 없도록 리더가 주의 깊게 신경 써야 한다.

리더와 구성원의 입장이 서로 다르기 때문에 어쩔 수 없이 의견의 차이가 발생할 수 있다. 리더는 이를 감안하여 최종적인 의사결정을 해야 한다. 그리고 구성원의 의견을 들을 때, '꼬리가 몸통을 흔든다.'는 말처럼 소수의 의견이 다수의 의견처럼 부풀려진 것은 아닌지 점검할 필요가 있다. 이를 점검하지 않을 경우, 일의 진행 과정에서 문제가 발생할 수 있다.

구성원의 다양한 의견을 경청하고 공감하는 리더의 태도는 이 자체로 구성원에게 리더에 대한 신뢰와 믿음을 줄 수 있다. 여기에 리더가 구성원의 의견을 반영하여 창의적인 일의 방향을 설계하게 되면, 더욱 구성원의 만족과 사기진작을 도모할 수 있다.

반대로 리더가 구성원의 의견을 무시하거나, 경청하는 과정 없이 일의 방향을 혼자 결정하고 진행한다면 그 일이 리더 혼자 하는 일이 아닌 이상, 구성원의 저항이 많아져서 뜻대로 진행하기 매우 어려울 수 있음을 유의해야 한다.

◆ 체크리스트 ◆

◆ 리더와 다른 구성원의 의견도 주의 깊게 경청하는가?

◆ 앞으로의 계획

39

소수의 의견을 존중한다

"리더와 다른 의견을 내는 구성원을 대하는
리더의 태도가 리더의 품격을 보여 준다."

조직 규모에 따라 다르겠지만, 조직에서 여러 사람이 근무할수록 어떤 사안에 관하여 그만큼 다양한 의견이 공존할 수 있다. 여러 사람의 의견이 일치해서 한 방향으로 일이 추진되면 좋겠지만, 다른 의견이 있을 수 있다.

리더는 리더 또는 다수의 의견과 상충되는 소수의 구성원 의견에 대해서 어떤 입장을 가져야 하는가? 리더의 역할이 길어질수록 이런 경우를 자주 접하게 될 것이다. 따라서, 리더는 이러한 상황에 미리 대비해서 기본적인 입장을 가져야 한다. 내가 생각하는 소수의 의견에 대해 리더가 대하는 다음과 같다.

첫째, 소수의 의견을 공감하는 자세로 들어 준다. 소수의 의견을 진심으로 경청하는 자세로 들어 본다. 리더의 의견과 다르다고 해서 반감을 가져서는 안 된다. 리더 자신의 의견에 대해서는 우선 생각하지 않고, 소수의 의견에 대해서 중립적인 자세로 듣는 태도를 가져야 한다.

둘째, 이런 소수의 의견이 나온 배경에 대해 생각해 본다. 소수의 의견을 내는 구성원이 이전에도 이런 상황을 경험해 본 적이 있는지에 대해서도 질문을 통해 확인해 볼 필요가 있다. 또한, 소수의 의견이 리더와 동일하게 조직 전체를 생각하는 입장에서 나온 의견인지, 소수의 의견을 내고 있는 구성원의 이해관계에 의해서 나온 의견인지 그 배경을 판단해 본다. 가급적 리더의 의견은 특정한 구성원에게 이익이나 손해를 주는 방향으로 결정되지 않도록 유의한다.

셋째, 소수의 의견에서 일부 반영할 수 있는 내용은 없는지 집중해서 들어 본다. 구성원들은 리더와 업무와 관련해서 대화를 나누면 최소한 일부는 자신의 의견이 반영될 수 있을 것이란 기대감이 있다. 그런데 소수의 의견일지라도 리더와 대화를 나눴음에도 자신의 의견이 반영되지 않는 상황을 반복해서 겪는다면, 더 이상 리더와 대화하고 싶지 않게 된다. 리더에 대한 반감도 높아질 것이다. 소수의 의견을 내는 구성원과 만남을 가진다면, 구성원의 의견에서 최소한 일부라도 반영할 수 있는 내용이 없는지, 리더는 고민하면서 들어야 한다.

리더는 전체 상황을 보기 관점을 가지기 때문에 구성원이 보는 관점과는 어쩔 수 없이 의견이 다를 수 있다. 여기서 관건은 리더가 자신과 다른 구성원의 의견을 어떻게 대하는가가 중요하다. 소수의 의견을 경청하고, 공감하고, 최대한 반영할 수 있는 부분을 찾아내는 것이 리더의 역할이다. 이러한 리더의 태도는 구성원들이 리더로부터 존중받는 느낌을 받게 한다. 이러한 의사소통의 기회가 반복된다면, 조직 분위기 또한 긍정적으로 변화하게 하여 리더를 중심으로 위기에서도 헤쳐 나갈 수 있는 단단한 조직을 만들 수 있을 것이다.

◆ 소수의 의견 속에 놓친 부분을 리더로서 잘 살피는가?

◆ 앞으로의 계획

40

구성원 간의 관계를 관심 있게 살핀다

조직이 역할을 제대로 수행하기 위해서는 리더와 구성원 간의 원만한 관계 유지가 중요하다. 또한, 구성원들 사이의 관계도 좋아야 하며, 리더는 구성원 사이의 원만한 관계 형성을 위해 관심 있게 살펴보고 적절한 지원을 해 주어야 한다.

리더가 업무와 의사결정 때문에 바쁘다는 이유로 혹은 구성원 사이의 관계는 성인인 구성원들이 알아서 해야 한다는 생각을 가지고 방임할 경우, 그 대가는 결국 리더가 추후에 받게 될 가능성이 매우 높다.

따라서 리더는 조직 내 관계로 인한 문제 발생을 예방하고, 긍정적인 분위기 속에서 업무가 진행될 수 있도록 구성원 사이의 관계 형성에 노력해야 할 의무가 있다. 이것이 잘되면, 리더는 일 자체에 대한 시간과 노력을 크게 들이지 않아도 저절로 일이 잘 풀리는 효과도 가져올 수 있다.

그럼 리더가 구성원 간의 관계 형성을 위해 도울 수 있는 구체적인 방법은 무엇일까? 먼저 출퇴근 시간이나 일과시간 중간에 전체적인 사무실 분위기를 잘 살펴볼 필요가 있다. 개별 구성원의 표정이 어떤지, 어떤 구성원들이 서로 친밀한 사이인지, 구성원 사이에서 소외되는 직원은 없는지 유심히 관찰해야 한다. 리더는 자신이 관찰한 결과가 맞는 판단인지 리더의 측근인 구성원에게 개별적으로 질문을 통해서 사실 관계를 확인하고, 문제가 있다면 그 원인이 무엇에서 비롯됐는지 필요가 있다.

구성원 관계에 문제가 있다면, 빠른 시일 내에 해당 구성원과 면담해서 해결 방안을 찾는 방법이 있다. 그런데 리더가 섣불리 구성원 사이의 관계 개입을 하려다가 더 관계 개선이 어려워질 수도 있다. 따라서, 구성원 모두가 다 같이 단합할 수 있는 기회를 수시로 마련하는 것도 좋을 것이다. 요즘은 퇴근 시간 이후에 저녁 식사하는 것을 선호하지 않기 때문에, 오후 시간을 활용하여 구성원의 의견을 반영하여 다 같이 공통으로 경험을 할 수 있는 문화활동, 스포츠활동 등을 하는 것을 추천한다. 자연스럽게 친밀감이 형성되고, 이 과정에서 구성원이 서로를 이해할 수 있는 분위기가 조성될 수 있다.

리더가 구성원 관계에 관심을 갖고 있는가에 대해 구성원 또한 충분히 인식 가능하다. 구성원 간의 관계가 결국 조직의 목표 달성에 중요하기 때문에 모두가 잘 지내야 하는 리더의 메시지가 구성원에게 잘 전달될 수 있도록 리더는 구성원 간의 관계에 지속적으로 관심을 가져야 한다.

◆ 구성원 간의 보이지 않는 관계와 역학 구조를 살피는가?

◆ 앞으로의 계획

41

구성원의 번아웃을 예방한다

"구성원에게 번아웃이 오면,
리더 또한 곤경에 처하게 된다."

세상이 점점 어떻게 변해 가고 있다고 느끼는가? 물론 좋아지는 부분도 있고, 나빠지는 부분도 있을 것이다. 사람들은 요즘 현대 사회를 흔히 'VUCA' 시대라고 일컫는다. 다음의 4가지가 강조되고 있는 사회라고 볼 수 있다. 불안정성(Volatility), 불확실성(Uncertainty), 복잡성(Complexity), 모호성(Ambiguity)이 사회 전반에서 커지고 있다.

이런 상황을 평소에 헤쳐 나가다 보면, 리더와 구성원 모두 피로도가 높아진다. 리더 자신이 번아웃이 오지 않도록 관리해야 함은 물론, 구성원의 번아웃도 사전에 예방해야 한다. 그 이유는 구성원이 번아웃이 오고 난 이후에, 상황을 수습하려고 하면 몇 배의 노력이 더 필요하기 때문이다. 또한, 리더에게 한 사람의 구성원 자체가 소중하기 때문에 번아웃이 오지 않도록 리더가 잘 관리해야 한다.

구성원의 번아웃을 예방할 수 있는 대표적인 3가지 방법은 다음과 같다.

첫째, 구성원이 충분하게 휴식할 수 있게 한다. 구성원이 본인의 휴가를 잘 사용할 수 있도록 장려한다. 리더는 휴가를 사용하지 않으면서, 구성원에게 휴가를 사용하라고 말로만 권장한다면 구성원의 입장에서는 휴가를 사용하는 것이 불편할 수 있다. 그렇기 때문에 리더도 휴가가 필요하거나, 일이 상대적으로 바쁘지 않을 때는 휴가를 사용하는 모습을 보여 줘야 한다. 의도적으로 일과 분리되어 휴식하는 경험이 역설적으로 구성원으로 하여금 나중에 일에 더 집중할 수 있도록 도와줄 수 있다.

둘째, 구성원의 업무가 과중되지 않도록 한다. 특히 리더는 일을 잘하는 구성원에게 일이 지나치게 몰려 있는지 확인해야 한다. 일을 잘하는 구성원일수록 리더가 더욱 신뢰하기 때문에 구성원을 성장시킨다는 생각으로 일을 더 주는 경우가 있다. 구성원을 성장시키는 것도 중요하지만, 구성원의 업무가 과중하게 되면 번아웃으로 인하여 아예 아무 일도 못 하는 상황이 올 수 있다는 점을 유념해야 한다. 여러 구성원들에게 업무가 어느 정도 공정하고 공평하게 나누어졌다는 생각이 들게끔 해야 한다. 따라서 '1인분'에 해당하는 자신 몫의 일을 하지 않으려는 구성원을 리더 입장에서 잘 설득하는 것이 리더의 중요한 역할 중 하나이다. 리더가 이런 역할이 불편하다고 해서 미루게 되면, 일 잘하는 구성원이 이탈할 수 있음을 명심해야 한다. 그 이후에는 리더에게 더 큰 어려움이 올 수 있다.

셋째, 구성원들이 서로 좋은 기운을 줄 수 있는 기회를 마련한다. 그 기회는 주로 구성원들이 서로 소통하고 공통의 경험을 하는 과정에서 나올 수 있다. 많은 시간이나 비용이 들지 않더라도, 조직 내 함께 근무하는 공간에서 커피나 차를 마시며 대화를 나누거나, 외부에서 공연이나 전시회를 함께 관람하는 과정을 통해서 좋은 기운을 나눌 수 있다. 리더가 그 과정을 함께 참여해도 좋고, 가끔은 리더 없이 구성원들끼리만 경험할 수 있도록 하는 것도 좋은 효과를 거둘 수 있을 것이다.

이 외에도 구성원의 번아웃을 예방하는 다양한 방법이 있다. 리더가 여러 가지 일들로 바쁘겠지만, 구성원 개개인에 대한 관심을 지속적으로 가져야 한다. 특별한 일이 없어도 정기적으로 원온원을 하려는 노력도 필요하다. 각자의 구성원은 리더가 하는 일을 지원하는 역할을 하는 사람이기 전에, 고유의 인격을 가진 존재임을 리더는 잊지 말아야 한다.

◆ 체크리스트 ◆

◆ 구성원 번아웃 징후를 미리 파악하고 조절해 주는가?

◆ 앞으로의 계획

42

측은지심을 갖는다

"리더는 구성원에 대해서
너그러운 마음을 가져야 한다."

리더는 바쁘다. 직접 챙겨야 할 일도 많고, 보고를 받아야 할 일도 많고, 만나야 할 사람도 많다. 바쁠수록 리더로서 전체 상황을 보기가 어렵고, 리더 눈앞에 있는 일에 대해서만 고민에 빠질 가능성이 높다. 구성원 한 명 한 명의 모습이 리더의 눈에 들어오는 것 또한 더 어려울 수 있다.

리더의 대다수도 처음에는 구성원 역할에서부터 일을 시작했을 것이다. 그래서 자신이 언젠가 리더가 되면, 구성원의 마음을 잘 헤아려서 리더의 역할을 잘 해낼 것이라 각오를 다진다. 하지만 리더가 되면, 그때의 각오와 다짐을 떠올리기 어려울 만큼 새로운 리더의 역할에 적응하는 것도 벅차게 느껴질 것이다.

리더의 역할에 적응하게 되는 과정에서 리더들은 '왜 구성원들이 리더의 입장을 이해하지 못할까?'로 입장이 바뀌게 된다. 신기한 일이 아니다. 사람이라면 누구나 자신의 입장에서 상황을 바라보는 것이 당연하기 때문이다. 리더 또한 사람이다. 그래서 이러한 생각을 할 수밖에 없다.

나 또한 리더로서 어려움이 있지만, 그럼에도 불구하고 리더라면 구성원들에 대한 의식적으로 측은지심(惻隱之心)을 가져야 한다고 생각하고 있다. 구성원보다 리더에게 권한이 더 많이 주어진 만큼, 이 권한을 구성원을 위해서 잘 활용해야 한다. 구성원들이 리더에게 매번 표현하지 않겠지만, 리더가 리더의 권한을 어떻게 활용하고 있는지 소리 없이 유심히 지켜보고 있다고 보면 된다.

리더가 구성원을 위해서 권한을 활용할수록 구성원은 리더에 대해 높은 평가를 할 것이며, 구성원 또한 리더의 의견을 되도록 경청하고 반영하기 위해 노력할 것이다. 반대로 리더가 리더 자신을 위한 권한을 자주 사용할수록 구성원들은 리더의 의견에 대해 반대하고 싶은 마음이 커질 것이다.

이렇듯 리더의 구성원에 대한 측은지심은 리더십 강화에 도움이 될 것이다. 하지만 리더는 리더 자신뿐만 아니라 소중한 구성원들을 위해서 리더가 구성원들에게 관심을 가져야 한다.

누군가에게 관심을 갖는다는 것은 시간과 에너지를 사용해야 하는 일이다. 리더의 역할을 하기 위해 바쁘겠지만, 구성원에 대한 리더의 관심과 노력은 예상보다 그 효과가 클 것이다. 심지어 구성원의 기분을 좋게 하는 정도에서 그치지 않고, 어떤 때에는 구성원의 삶을 변화시킬 수도 있다. 이러한 경험의 반복은 리더의 삶 또한 점차 긍정적인 방향으로 갈 수 있도록 이끌어 줄 것이다.

 올라운드 리더십

모든 일들을 구성원의 입장에서 추진할 수는 없겠지만, 리더는 기본적으로 구성원의 입장을 생각하고, 그들의 마음을 읽으면서 리더십을 발휘하는 것이 장기적인 측면에서 바람직한 효과를 가져올 것이다.

◆ 어려움에 처한 구성원을 진심으로 걱정하고 배려하는가?

◆ 앞으로의 계획

43

구성원을 몰아세우지 않는다

❧

"구성원을 몰아세우면,
구성원은 그 리더를 떠날 계획을 세운다."

처음부터 리더였던 사람은 드물다. 대부분의 리더는 과거에 구성원이었다. 그런데 사람에게 망각이 있기 때문에 역할이 달라지면, 과거의 일이 잘 기억나지 않는다. 내가 과거에 어떤 사람이었고, 어떤 입장이었는지 떠올리기가 어렵다.

그럼에도 불구하고 리더는 구성원이었을 때의 기억과 감정을 마음속 한 부분에 잘 보관해야 한다. 그래야 구성원에 대한 '공감적 이해'가 가능할 수 있다. 구성원에 대해 공감적 이해를 못 하는 리더는 점차 구성원과 마음이 멀어지게 된다. 결국 조직 분위기는 흐트러질 수밖에 없다.

특히 리더는 구성원을 몰아세우지 않아야 한다. 가끔 조직 분위기를 반전시키기 위해서 의도적으로 잘못을 저지른 구성원에 대해 일벌백계(一罰百戒)한다면서 스스로에게 의기양양한 리더를 만날 수 있다. 일벌백계하는 순간에는 조직에 긴장감이 돌 것이다. 하지만 일정한 시간이 지나면 리더의 평판이 전반적으로 나빠지고, 그 리더와는 함께 근무하기보다는 적절한 시기에 리더의 주변에서 벗어나야 하겠다는 생각이 먼저 들 것이다.

따라서, 구성원 입장에서는 기본적으로 리더로부터 보호받고 있다는 인식이 들게 하는 것이 중요하다. 구성원이 잘못이나 실수를 하더라도 리더가 지적해서 알려 주되, 구성원이 어느 정도 그런 잘못이나 실수하게 될 수밖에 없는 상황이나 배경을 리더는 진심으로 이해해 주어야 한다. 상황이나 배경에 대한 이해 없이 구성원의 잘못만 몰아세우는 리더에게 구성원은 미안한 마음보다는 반감이 더 클 것이다. 마음속으로 '리더 또한 나 같은 상황이라면, 결과는 별반 다르지 않았을 것이다.'라고 생각할 것이다.

리더가 지적할 때는 감정적인 부분이 섞이지 않도록 해야 한다. 또한, 과거의 일에 대해 다시 언급할 필요가 없다. 지금 잘못된 행동에 대해서만 지적해야 한다. 예전에 비슷하게 잘못했던 구성원의 모습이 머릿속에서 생각나서 말하고 싶더라도 꾹 참아야 한다. 예전 이야기를 하는 순간에 구성원은 리더가 자신에게 '지적하기 위한 지적'을 한다고 느끼게 될 것이다.

리더가 구성원에게 하는 지적이 최소한의 긍정적인 효과를 보기 위해서는 리더는 결점이 거의 없어야 하며, 항상 리더가 솔선수범해야한다. 그렇지 않으면, 리더의 지적은 부정적인 효과만 가져올 것이다.

가끔 구성원이 악의가 없고, 일에 큰 지장을 주지는 않지만, 리더가 원하는 방향이 아닌 행동을 할 수 있다. 리더가 못 본 척 넘어가 줘야 한다. 일일이 리더 마음에 들지 않는다고 구성원에게 하나하나 지적하고 개선을 요청하면서 구성원을 몰아세우면, 구성원은 금방 지쳐버려서 리더 곁을 떠날 것이다.

그래서 리더는 하고 싶은 말을 참아야 할 때가 많다. 구성원들에게 10가지 말하고 싶은 것이 있다면, 그중에서 가장 중요하다고 생각하는 1가지 말만 해도 된다는 격언이 있다. 리더의 이러한 언행은 구성원에게 숨 쉴 틈을 줄 수 있고, 그런 틈을 통해서 구성원들이 창의적인 일을 하거나 궁극적으로 좋은 성과를 낼 수 있을 것이다.

무엇보다 여유 있는 리더를 따르는 구성원이 많아질 것이다. 나의 경우, 나중에 다른 근무지로 서로 옮기더라도 다시 또 만나서 나와 함께 근무하고 싶다는 구성원의 말을 들었을 때, 리더로서 행복했고, 보람이 있었다고 느껴졌다.

리더와 구성원이 함께 근무하다 보면 위기의 순간이 있고, 하기 싫은 대화를 서로 나눠야 할 때가 있다. 그때 리더는 꼭 주의해서 구성원을 끝까지 몰아세우지 않아야 한다는 점을 기억하자.

◆ · 체크리스트 · ◆

◆ 실수한 구성원을 감정적으로 비난하고 몰아세우지 않는가?

◆ 앞으로의 계획

　　　　　올라운드 리더십

44

관심 구성원을 관리한다

"관심 구성원은 분명 처음부터
관심 구성원이 아니었을 것이다."

리더 입장에서 조직 내 구성원이 모두 자기 역할을 충실하게 해낸다면, 걱정할 일이 별로 없다. 그런데 어느 조직이든 정도의 차이가 있겠지만, 문제나 어려움이 있어 관심이 필요한 구성원이 존재할 가능성이 높다.

리더는 관심 구성원을 잘 관리해야 한다. 관심 구성원을 잘 관리하지 못하면, 이로 인해 리더가 사용해야 할 시간과 에너지가 엄청나게 많아질 수 있다. 이렇게 되면, 리더는 조직이 발전적으로 나아가기 위해 사용할 시간과 에너지는 상대적으로 줄어들 수밖에 없다.

조직 내의 가장 약한 고리로 인하여 조직 전체를 힘들어지는 상황을 리더는 반드시 막아야 한다. 그렇다면 관심 구성원은 어떻게 관리해야 하는가?

우선 관심 구성원의 배경을 살펴본다. 어떻게 관심 구성원이 되었는가? 원래부터 관심 구성원이었는지 어떤 사건이나 계기로 인해서 관심 구성원이 되었는지 파악한다. 그다음으로 관심 구성원에서 벗어나게 할 방법을 찾아본다. 리더 혼자 방법을 찾기 어렵다면, 신뢰할 수 있는 구성원들과 함께 방법을 논의한다.

그럼에도 불구하고 관심 구성원을 개선하기 어렵다면, 앞으로 관심 구성원을 어떻게 관리할 것인지 장기적인 계획을 세운다. 먼저, 조직 밖으로 내보내기 위해서 어떤 법률과 규정이 있는지 살펴본다. 아무리 관심 구성원이 당장 조직에 도움이 되지 않고, 조직을 위해서 빨리 떠나게 해야 하더라도 법률과 규정에 의해서 관심 구성원을 관리해야 한다. 그렇지 않으면, 오히려 리더가 피해를 볼 수 있다. 따라서, 법률과 규정을 정확하게 살펴봐야 한다.

법률과 규정을 파악하고, 관심 구성원을 관리할 몇 가지 계획안이 수립되면, 관심 구성원과 면담을 실시한다. 관심 구성원에 대한 조직과 리더의 입장과 계획을 먼저 설명한다. 그에 대한 관심 구성원의 입장이나 의견을 청취한다. 관심 구성원이 즉답할 수 있는 의사를 밝히면, 그 자리에서 즉답하게 한다. 관심 구성원이 그게 어렵다면 며칠의 시간을 두고 다음 면담 일정을 정한다.

관심 구성원의 입장과 의견을 듣고, 개선의 여지가 있다면 다시 한 번 기회를 준다. 관심 구성원이 리더에게 도움을 요청한다면, 지원의 방법을 찾아본다. 반대로 개선의 여지가 없고, 자신의 업무 수행이 정당하다고 주장한다면, 리더가 수립한 계획에 따라 관심 구성원이 더 이상 조직에서 부정적인 영향을 끼치지 못하도록 조치를 취한다.

관심 구성원에 대해서 리더가 어떻게 조치하는가를 다른 구성원들이 지켜보고 있다. 리더가 관심 구성원에 대해서 방관하고 있다면, 다른 구성원들의 근무태도 또한 부정적으로 변해 가고, 조직 문화가 점차 나빠질 가능성이 높다.

리더가 항상 빛나는 일만 할 수 없다. 관심 구성원에 대한 지원과 조치 또한 리더의 몫이라는 점을 명심하자.

◆ 체크리스트 ◆

◆ 도움이 필요한 구성원을 소외시키지 않고, 세심하게 관리하는가?

◆ 앞으로의 계획

45

성과는 구성원과 함께 나눈다

여러 노력 끝에 얻은 일의 성취는 그 자체로 리더와 구성원 모두를 기쁘게 한다. 리더는 구성원의 이런 기쁜 마음이 지속시키기 위해서 일의 성취에 따른 성과와 보상을 적절하게 나눌 수 있어야 한다.

주로 리더가 성과와 보상을 나누는 주체이다 보니, 리더가 스스로 먼저 많은 성과와 보상을 차지하려고 할 수 있다. 리더가 충분히 그럴 만한 명분과 가치가 있다고 스스로 후한 평가를 내릴 수 있다. 물론 어떤 일이든 잘된 경우, 큰 역할 중의 하나는 당연히 리더라고 주변과 구성원들이 인정할 것이다.

그런데 구성원이 예상한 것보다 리더가 더 많은 성과와 보상을 가져가는 경우, 어떤 일이 일어나게 될까? 당장은 리더에게 좋을 수 있다. 하지만 앞으로 그런 리더와 진심을 다해 함께 일하고 싶어 하는 좋은 구성원들이 없어질 것이다. 좋은 구성원들은 대체로 리더의 성향을 정확하게 파악할 수 있는 안목이 있다. 굳이 그런 성향의 리더와 함께 일하기보다는 성과와 보상을 나눌 줄 안다는 평판을 가진 리더와 일할 기회를 찾을 것이다.

따라서, 일의 성취에 리더의 역할을 컸다고 하더라도, 리더는 자신의 몫을 줄이고, 구성원들에게 구성원이 예상했던 것보다 큰 성과와 보상을 나눠 줄 필요가 있다. 이러한 행동은 당장은 리더에게 손해 같지만, 지속적인 일의 성취를 보장해 주는 것은 물론 좋은 구성원들이 자신 곁에 모일 수 있도록 하는 의미 있는 계기가 될 것이다.

그리고 이를 리더가 손해라고 생각하지 않아도 된다. 구성원이 행복해하는 모습 자체가 리더에게 큰 기쁨과 보람으로 다가와야 한다. 리더로서 그런 감정이 느껴지지 않고, 구성원들에게 성과와 보상을 나눠 주는 것이 아깝다면 자신이 리더 역할을 계속하는 것에 대해서 진지하게 고민해 봐야 한다. 혼자 일한 만큼 혼자 성과와 보상을 차지하는 일을 찾는 것이 바람직하다.

리더는 영원할 수 없다. 언젠가는 자리에서 물러나야 하기 때문에, 구성원 중에 리더의 재목을 가진 사람을 발굴해서 양성하는 것도 기존 리더의 중요한 역할이다. 그런 구성원에게는 중요한 역할을 맡기고, 그에 알맞은 성과와 보상을 통해 의도적으로 성장시킬 필요가 있다.

리더는 조직이 전체적으로 각자의 역할을 통해 일을 잘 해낼 수 있도록 하는 것에 중점이 있지만, 이를 통해 나온 성과와 보상을 잘 나누는 것도 중요한 역할 중에 하나라는 사실을 명심해야 한다. 리더가 성과를 과도하게 차지하거나, 구성원들이 알아서 대강 나누지 않도록 주의를 기울여 세심하게 신경 써야 하겠다.

◆ 성과가 났을 때, 구성원들과 함께 나누는가?

◆ 앞으로의 계획

46

구성원을 지원하는 일에 리더로서 행복을 느낀다

리더는 자신이 리더가 되었다는 현실에 안주해서는 안 된다. 리더가 되었다는 사실에 자부심을 느끼는 감정이 나쁘다는 것은 아니다. 리더가 되었다면 리더로서 구성원을 지원하는 역할을 해야 한다.

그리고 구성원을 지원할 때는 마지못해 어쩔 수 없이 하는 것이 아니라 진심을 가지고 지원해야 한다. 이 과정을 통해서 리더로서 행복을 느낄 수 있어야 한다.

직장생활에서의 인상 깊었던 일을 각자에게 떠올려 본다면 사람마다 다를 것이다. 나의 경우, 내가 성과를 이룬 것도 좋은 기억으로 남아 있지만 나의 지원을 통해 다른 사람이 성과를 이루기나 행복해하는 모습이 더 의미 있게 좋은 기억으로 남아 있다.

직접적인 예를 세 가지 든다면 다음과 같다.

첫 번째, 장교로 복무하던 시절에 부서 내 병사의 성과를 정리해서 포상 휴가를 받을 수 있도록 상급자분들께 차례대로 보고 및 설득해서 결재를 받았던 일이 가장 먼저 떠오른다. 20년 가까이 시간이 흘렀음에도 포상 휴가 결재 문서를 보고, 놀라고 기뻐했던 병사의 표정을 잊을 수 없다. 내가 휴가 갈 때도 기뻤지만, 그 병사가 포상 휴가를 갈 때 나에게 고마워했던 모습을 보고 더욱 기뻤다.

두 번째, 담임교사로 근무하던 시절에 전교임원선거에 입후보하고 싶어 했던 학생을 포기하지 않도록 응원했던 일이다. 이 학생의 학부모님은 선거에 도전하는 자녀가 기특하지만, 부모 입장에서는 이 선거를 부모로서 지원하는 것에 경험도 없으시고, 부담을 느끼셨다. 자녀를 못 나가게 선생님이 말려 주실 수 있냐고 물으셨던 말을 듣고, 학생과 학부모님께 생각보다 전교임원선거 준비가 생각보다 어렵거나 복잡하지 않음을 설명하고 안내하였다. 결국 이 학생은 전교어린이부회장이 되었고, 학생으로서 좋은 리더십을 발휘할 수 있는 경험을 갖게 되었다. 그 학생이 성장하는 데 큰 도움이 되었을 것이라고 믿고 있다.

세 번째, 장학사로 근무하면서 인성과 실력을 겸비한 부장교사 중에 몇 명이 장학사로 도전할 수 있도록 조언해 준 일이다. 부장교사 중에 함께 협업을 하다 보면, 장학사 일도 잘할 수 있겠다는 생각이 드는 분들이 있다. 그분들 중에서는 이미 장학사 시험 준비를 하는 분도 있지만, 자신이 장학사가 되는 것에 대해서 생각조차도 안 해 본 분들도 있었다. 그런 생각을 하지 않은 분들에 대해서 장학사가 되는 것에 대해 자극과 조언이라는 지원을 한 경험이 있다. 결국 그분들 중에서 모두는 아니지만 일부가 장학사가 되어 만나는 순간에는 기쁨과 보람을 느꼈다.

위의 사례에서 공통적으로 알 수 있는 사실은 리더로서 구성원을 지원하는 것은 대체적으로 조금의 관심만 가지면 충분히 할 수 있는 일이라는 것이다. 별로 어렵지 않다. 그리고 누구보다 리더 자신이 행복감을 느낄 수 있다. 리더 자신의 행복을 위해서뿐만 아니라 앞으로도 그런 사람이 리더를 해야 조직과 사회의 발전이 가능할 것으로 기대할 수 있다.

◆ 체크리스트 ◆

◆ 구성원을 지원하는 과정에서 리더로서 보람을 느끼는가?

◆ 앞으로의 계획

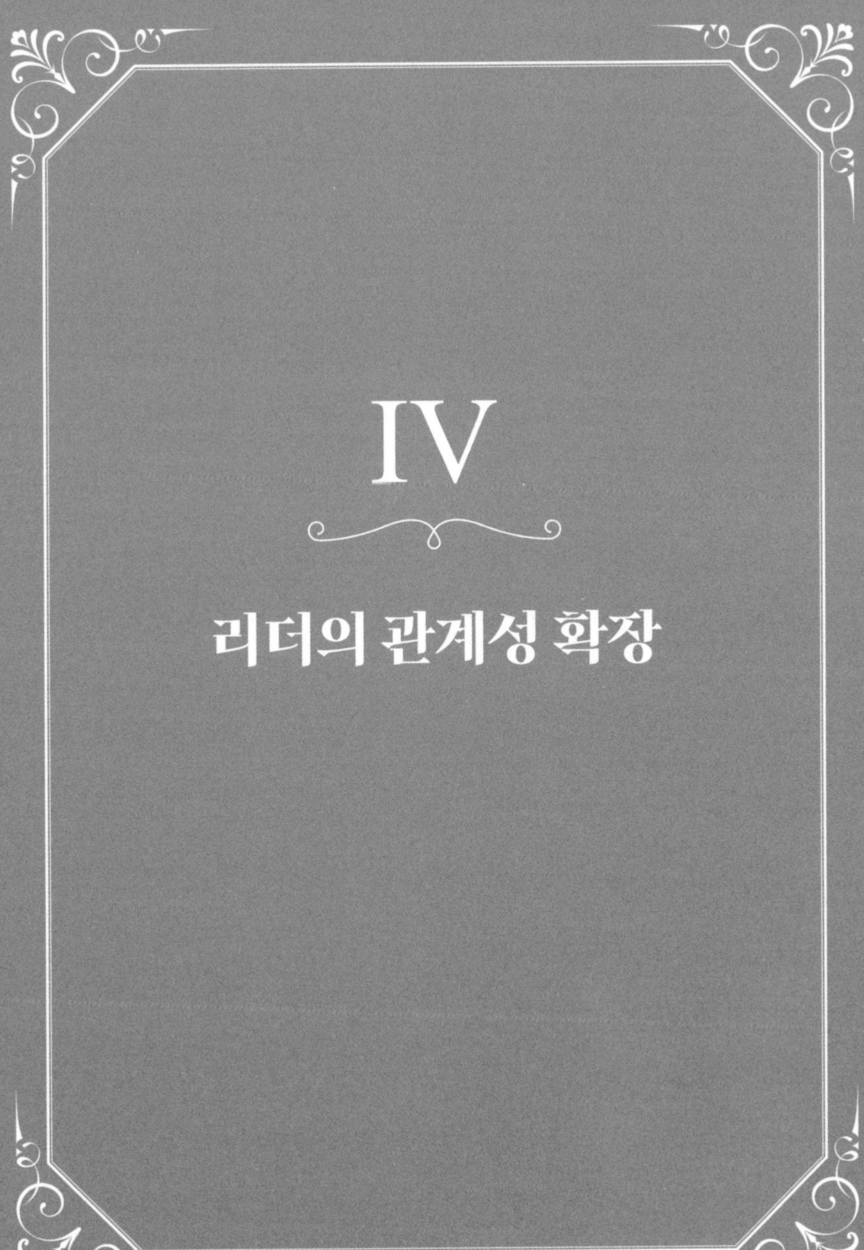

IV

리더의 관계성 확장

47

의도적 사교성을 키운다

❧

“내향형 리더도 필요한 경우,
외향형 리더의 모습을 보여야 한다.”

‘사교성’의 사전적 정의는 ‘남과 어울리기를 좋아하거나 쉽게 어울리는 성질’이라고 할 수 있다. 우리가 흔히 성격에 대해서 ‘내향적이다, 외향적이다’라고 할 때, ‘외향적’ 성격에 가깝다고 할 수 있다.

그렇다면 ‘내성적’인 사람들도 ‘사교성’을 키울 수 있는가? 나는 키울 수 있다고 판단한다. 사교성을 키우기 위해서 충분한 학습, 시도, 경험 등을 한다면 얼마든지 키울 수 있다고 생각한다. 본인의 의지 여부에 따라 달라질 수 있다.

리더라면 더욱 사교성이 요구된다. 그렇다면 리더에게 사교성이 있다면 어떤 점이 좋은가?

첫째, 대화를 통해서 서로의 입장을 이해하고 공감할 수 있다. 또한, 리더는 자신의 사교성을 발휘해서 속한 업계에 최근 이슈가 무엇인지 파악할 수 있고, 리더 자신에게 직접적으로 필요한 새로운 정보를 얻을 수 있다. 리더라면 새로운 정보에 근접하면 가장 좋지만, 최소한 업계에서 대부분의 사람들이 알고 있는 정보는 함께 알고 있을 필요가 있다.

둘째, 주변 사람들을 연결시켜 줄 수 있는 기회를 만들 수 있다. 리더도 사람이기 때문에 리더 자신, 자신과 함께하는 구성원, 자신이 속한 조직을 우선으로 고려하여 행동하기 쉽다. 하지만 리더가 조금만 시야를 넓혀서 이타적인 마음을 갖는다면, 도움이 필요한 다른 조직의 리더와 구성원들을 도울 수 있다. 리더가 사교성을 발휘한다면, 서로를 필요로 하는 사람들을 연결시켜 줄 수 있다. 이때 도움을 받은 사람들은 리더에게 고마운 마음을 가질 것이다.

셋째, 리더 스스로 자신감이 생긴다. 사람들은 사교적인 사람에게 호감을 느낄 가능성이 높다. 호감을 느끼게 되면, 서로 대화를 많이 하면서 궁금한 점에 대해 질문과 답변을 주고받게 된다. 자신의 주위에 사람들이 모이게 되면, 다른 사람들도 저절로 모여서 대화에 참여하고 싶도록 만드는 효과 또한 있다. 이런 경험이 쌓이게 되면 리더의 사교성 수준이 올라가게 되고, 그와 동시에 자신감도 향상된다.

그렇다면 리더가 의도적으로 사교성을 향상시키는 구체적인 방법은 무엇인가?

첫째, 상대방에게 웃는 얼굴로 반갑게 인사한다. 이미 친한 다른 리더나 구성원과는 당연히 반갑게 인사할 수 있다. 관건은 애매하게 아는 사람들이다. 리더 입장에서는 '내가 반갑게 인사했는데, 상대방이 나를 기억 못 하면 민망할 텐데.'라는 걱정이 들 수 있다. 주변에 사람이 많은 모임에 참가한 경우에서는 리더 자신의 '모양이 빠질 수도 있다'는 우려도 들 수 있다.

그래서 모임에 가서 결국 선택하는 것이 항상 친한 사람들과만 어울리고 대화하는 전략이다. 이 선택은 리더로서 바람직하지 않다. 우선 내가 반갑게 인사하면, 상대방의 대부분은 반갑게 인사할 것이다. 애매하게 알았던 사람들의 경우, 오히려 먼저 알아보고 인사하는 행동에 고마움을 느낄 수 있다. 이 단계에서 인사뿐만 아니라 요즘 근황에 대한 대화나 덕담을 더 주고받는다면 이전보다 한 단계 가까운 사이가 될 수 있다.

둘째, 가급적 듣기 좋은 주제의 이야기를 한다. 특히, 오랜만에 만난 자리에서 안 본 사이에 얼굴이 상했다, 살이 쪘다, 살이 빠졌다 등의 외모 이야기를 아무 생각 없이 하는 경우가 있다. 외모와 관련된 대화 자체를 피하거나 금기시하는 경우가 많은데, 외모 이야기를 하면서 더구나 외모가 안 좋아졌다는 평가의 이야기를 한다면 상대방은 금세 기분이 상할 것이다. 외모 이야기는 아예 피하는 것이 좋다. 정치 또는 젠더 이슈와 같이 민감한 이야기 또한 화제에 올리지 않는다. 근황과 관련하여 '잘 지내시죠?', '별일 없으시죠?', '~~님 좋으시다는 이야기를 주변에서 많이 건너 듣고 있습니다.'라는 말을 하는 것이 차라리 좋다.

셋째, 상대방의 관심사에 대해서 사전에 공부하고 만난다. 리더의 수준이라면, 상대방의 관심사와 관련하여 예상되는 대화를 미리 연습해 보는 것은 효과적인 방법이다. 사람들은 자신의 관심사에 대해서 궁금하게 생각해 주는 사람에게 호감을 느낀다. 더 나아가 자신의 관심사에 대해서 새로운 정보를 알려 주는 사람까지 있다면 이보다 더 고마울 수 없다. 잘 지내고 싶은 관계로 만들기에 충분하다. 이런 경험이 많아질수록, 어떤 기회나 이벤트에 좋은 인상을 가졌던 리더를 찾는 사람들이 많아질 것이다.

지금까지 의도적 사교성을 키워야 하는 이유와 키우는 방법에 대한 이야기를 했다. 사람마다 기본 성향은 다르겠지만, 리더의 위치에 있는 사람이라면 사교성이 있어야 자신과 자신이 속한 조직이 유리해진다. 사교성은 계속 연습하다 보면 실제 나의 모습으로 바꿀 수 있다. 또한, 사교적인 만남을 통해서 몰랐던 관심사를 새롭게 알게 되고, 이러한 과정의 반복을 통해 자신의 인생을 더욱 풍요롭게 해 줄 것이다.

◆ 체크리스트 ◆

◆ 낯선 사람이나 환경에서도 의도적 사교성을 발휘하는가?

◆ 앞으로의 계획

48

대화를 슬기롭게 이끈다

사람과 사람이 만나면 대화를 나눈다. 어떤 사이인가에 따라 대화의 주제, 내용, 길이 등이 달라진다. 리더로 올라갈수록 일반적으로 다양한 구성원과의 대화 기회가 많아진다.

그런데 리더가 만나는 구성원이 많아질수록 구성원과 대화할 기회는 모든 구성원과 동등할 수는 없다. 리더와 가까운 위치에 있는 구성원과는 대화 기회가 많고, 일과 관련해서 깊이 있는 대화를 나누게 된다. 반대로 리더와 멀리 있는 위치의 구성원과는 대화 기회가 별로 없으며, 일과 관련해서 깊이 있는 대화를 나누기보다는 특별한 일이나 사건이 있으면, 대화를 나누게 된다.

따라서 리더는 구성원과 대화할 때, 해당 구성원이 누구인지에 따라 다른 대화 전략을 사용해야 한다. 리더의 일과 관련하여 측근으로 분류하는 가까운 구성원과는 보다 구체적이고 심도 있는 대화를 나누어야 한다.

예를 들어, 리더는 가까운 위치에 있는 구성원과는 의견 교환을 적극적으로 해야 한다. 리더가 가지고 있는 정보와 그에 따라 하려고 하는 의사결정에 대해서 자신과 가까운 위치의 구성원은 어떤 생각을 하고 있는지 대화를 충분하게 나누는 것이 좋다. 자신과 가까운 위치의 구성원 의견을 존중해 주고, 평소에 노고를 격려할 필요가 있다. 그럴수록 자신과 가까운 위치의 구성원은 리더에 대한 신뢰가 높아지고, 리더가 하는 일을 더욱 잘 도우려고 하는 마음과 행동이 나타날 것이다.

반대로 리더와 먼 위치에 있는 구성원과 대화 기회가 생겼을 경우, 해당 구성원과 의견 교환을 하기 위해서 리더가 많은 말을 하기보다는 리더가 구성원의 말을 더 들어 주는 것이 바람직하다. 그 구성원의 입장에서는 리더와 대화를 나눌 기회가 별로 없는데, 리더가 구성원 자신의 말을 듣지 않거나, 관심 없는 모습을 보이면 그런 리더에 대해 매우 실망할 가능성이 높다. 이런 경험이 반복되면, 리더가 실제로 독단적인 성향이 아님에도, 구성원들에게 리더가 독단적이라는 평판을 조성할 수 있게 한다. 가급적이면 리더와 자주 대화를 나눌 기회가 없는 구성원의 경우, 리더가 구성원의 말을 경청하는 자세를 갖는 것이 좋겠다.

그리고 리더는 어떤 구성원과 대화를 하든지, 대화를 나누는 구성원으로 하여금 대화가 끝나고 나서 리더와 대화하기를 잘했다는 느낌이 들게 해야 한다. 리더가 구성원과의 대화에 성의 없이 참여한다든지, 대화했던 내용에 대해서 나중에 리더가 하나도 반영을 안 하면, 구성원은 이후에 리더와 대화 나누는 것을 원하지 않을 것이다.

또한, 리더와 구성원이 대화를 하는 동안 어느 정도의 유쾌함을 유지하는 것이 좋다. 리더가 항상 근엄하고 심각한 표정을 하고 있으면, 구성원도 리더의 표정에 영향을 받게 된다. 리더는 특별히 힘든 일이 있는 것이 아니면, 구성원과 대화할 때 밝은 표정으로 구성원의 말에 집중에서 들으며 대화를 참여해야 한다.

대화는 1:1 대화인가, 다:1의 대화인가에 따라서, 대화 주제를 다르게 설정해야 한다. 1:1 대화인 경우, 자연스럽게 구성원의 조직 내외에서의 생활을 대화를 통해 파악할 수 있다. 다만, 1:1 대화라고 해서 구성원의 개인 정보에 대해서 지나치게 묻지 않는 것이 좋다. 다:1의 대화의 경우, 리더와 해당 구성원만 알고 있는 특정 구성원의 개인 정보를 다른 구성원까지 알게 하면 곤란하다. 리더는 대화를 나누는 자리에 구성원이 많을수록, 지금 여기서 해도 되는 말인지 머릿속으로 사전에 잘 생각해 볼 필요가 있다. 할까 말까 망설여지는 말은 안 하는 것이 바람직하다.

마지막으로 리더가 구성원에게 하는 말은 그냥 지나가고 마는 말이 아니라 구성원들이 대부분 기억할 것이라고 생각하는 편이 좋다. 그래서 리더는 농담으로라도 허튼 말을 하지 말아야 한다. 예를 들어, 리더가 구성원과의 어느 대화 자리에서 실컷 말한 내용에 대해, 시간이 지나서 나중에 그때 자신이 말한 내용이 실수로 잘못 말한 것이라고 하거나, 그때 한 말을 취소하겠다고 하는 등의 자세를 보이면, 그 이후에 구성원들은 리더의 말을 신뢰하지 않을 것이다. 리더는 자신이 지

  올라운드 리더십

킬 수 없는 말이 조금이라도 될 것 같으면, 아예 말하지 않는 편이 좋다. 그래서 리더의 말은 신중해야 한다.

지금까지 리더가 구성원과 슬기롭게 대화하는 방법에 대해서 알아보았다. 구성원들의 입장에서 리더와 대화하는 것이 전반적으로 의미 있고, 즐거워야 한다. 이를 위해 리더는 평소에 대화의 기술을 공부하고, 대화한 내용을 성찰하는 습관을 통해서 내일은 구성원과 더 나은 대화를 하기 위해 노력하는 태도를 가져야 하겠다.

◆ 체크리스트 ◆

◆ 대화의 내용을 겉돌지 않게 생산적으로 이끄는가?

◆ 앞으로의 계획

49

약속을 잘 지킨다

"리더가 약속을 잘 지키면,
약속을 지키는 조직 문화를 만들 수 있다."

리더는 바쁘다. 직접 챙겨야 할 일도 많고, 보고를 받아야 할 일도 많고, 만나야 할 사람도 많다. 그렇다 보니 리더는 약속도 본인이 구성원일 때보다 많아질 수밖에 없다. 일반적으로 약속에는 시간 약속이 있을 수 있고, 일을 어떻게 하겠다는 방법적인 약속으로 크게 구분할 수 있다.

시간 약속과 관련한 사례는 다음과 같다. 리더에게 갑자기 생기는 약속이 많아진다. 특히, 본인보다 더 상급자인 리더의 시간을 맞춰서 만나야 하는 경우, 어쩔 수 없이 기존 약속을 바꿀 수밖에 없는 상황이 될 수 있다. 주변 동료 리더들과 만날 때도 정보에 소외되면 안 되기 때문에, 구성원과의 기존 약속 시간이 겹칠 경우, 구성원들에게 양해를 구하고 만나는 시간을 변경할 수 있다.

이처럼 리더의 입장에서는 약속과 관련하여 다양한 상황이 생길 수 있다. 그럼에도 불구하고 리더는 한번 정한 약속은 가급적 잘 지켜야 한다. 약속을 지키는 것은 리더뿐만 아니라 누구에게나 적용될 수 있는 내용이다. 이렇게 당연한 내용이 리더에게 왜 중요한 것인가? 내 생각은 다음과 같다.

첫째, 리더가 구성원과 한 약속 준수는 신뢰의 문제이기 때문이다. 리더가 구성원과 한 약속을 리더 자신의 우선순위에 밀려서 변경하는 일이 자꾸 생길수록 구성원의 입장에서 리더에 대한 신뢰가 떨어질 수밖에 없다. 심한 경우, 구성원의 입장에서 '리더가 나를 무시하나?' 라는 생각을 할 수 있다.

둘째, 리더가 상호 간의 약속을 지키는 문화를 선노하여 만들어 갈 수 있기 때문이다. 리더가 약속을 바꾸기 시작하면, 구성원들도 리더와의 약속이나 구성원들 사이의 약속을 바꿀 수 있다. 왜? 리더도 약속을 바꾸는데 구성원인 자신이 약속을 바꾸는 것도 문제될 것이 없다고 생각할 수 있다. 따라서, 약속을 지키는 문화를 만들기 위해서 리더가 어려운 순간에도 어떻게든 구성원과의 약속은 지키기 위해서 노력할 필요가 있다.

셋째, 리더가 약속을 잘 지킴으로써 항상 신중한 의사결정을 하는 습관을 가질 수 있기 때문이다. 약속을 아무 때나 바꾸거나 지키지 않는다고 생각하면, 깊이 생각하지 않고 그 순간을 넘기기 위해서 어떤 약속도 상대방과 쉽게 할 수 있다. 리더가 쉽게 한 약속은 심지어 나중에 기억도 못 하는 경우도 있다. 한번 한 약속은 100% 지킨다는 생각으로 임한다면, 약속할 때 신중하게 의사결정을 하고, 이것은 잘 기억하여 이행할 수 있다.

약속을 지키는 것은 정말 기본적인 일이다. 그래서 이 기본적인 내용에 대해서 지면을 할애하여 설명하는 것이 언뜻 보기에 어색할 수 있다. 하지만 리더 역할을 하다 보면, 약속을 지키는 것이 어렵다는 생각이 들 때가 많이 있을 것이다.

많은 리더가 리더로서 약속을 잘 지키는 습관을 통해 구성원들로부터 신뢰를 얻고, 이를 통해 약속을 지키는 조직 문화를 만들기를 바란다.

◆ **체크리스트** ◆

◆ 사소한 약속도 반드시 지켜 신뢰를 쌓고 있는가?

◆ **앞으로의 계획**

 올라운드 리더십

50

세대 차이를 인정한다

직장에서의 조직 구성원은 보통 다양한 연령대로 구성된다. 리더는 주로 연장자에 속할 때가 많다. 리더는 모든 연령대의 구성원과 잘 소통하기를 바라지만, 현실은 그다지 녹록하지 않다.

리더는 자신과 다른 세대를 이해하기 어려운 순간이 자주 있을 것이다. 아무리 이해하려고 해도, 이해가 안 되는 지점들이 있을 수 있다. 머리로 이해하겠다고 생각하는 것과 막상 마주하는 현실이 다르기 때문이다.

원활한 조직 운영을 위해서 리더가 세대 차이를 ‘극복’할 수 있도록 노력해야 한다는 주장이 많이 있는데, 나는 ‘극복’보다는 ‘인정’하는 것이 낫다는 입장이다. 왜냐하면, ‘극복’을 하려고 리더가 무리한 노력을 하다 보면 오히려 리더와 구성원 간의 관계가 더 엇나갈 수 있기 때문이다.

세대 간의 차이는 ‘차이’ 그대로 존중해 줄 필요가 있다. 리더가 먼저 구성원에게 그 차이를 인정해 준다면, 구성원 또한 리더를 비롯한 연장자들의 세대를 차츰 이해하려고 노력할 것이다. 설사 구성원의 그런 노력이 느껴지지 않는다고 해도, 리더는 있는 그대로 세대 차이를 꾸준하게 존중해 주는 것이 좋다.

세대 차이는 어쩔 수 없이 계속 존재하더라도, 직장의 한 조직 내에서 다양한 경험을 함께하다 보면, 서로를 조금씩 이해하는 순간들이 쌓이게 될 것이다. 어떤 때는 기성세대의 노련함이 빛이 날 것이고, 다른 때에는 젊은 세대의 창의성이 빛을 낼 것이다. 그러한 경험이 서로를 이해하는 데 도움을 줄 것이다.

리더는 함께하는 경험이 쌓여 간다고 해서 갑자기 세대 차이를 '극복'하려고 하면 안 된다. 단지 함께 근무하는 동안 각자의 역할을 조화롭게 하면서, 일의 목적을 달성하는 것에 초점을 두어야 한다.

지나친 빈도의 '회식'이나 일방적인 '조언'보다는 젊은 세대가 원하는 것이 무엇인지 리더로서 경청하고, 가능한 범위에서 실제 적용하는 것이 바람직하다.

◆ 체크리스트 ◆

◆ 세대 차이를 틀림이 아닌 다름으로 인정하고 있는가?

◆ 앞으로의 계획

51

발언 시간을 줄인다

"많은 말을 하는 것은
결국 아무 말도 하지 않은 것과 같다."

리더는 구성원으로부터 들어야 할 말도 많지만, 반대로 구성원에게 해야 할 말도 많다. 리더가 구성원에게 말을 제대로 정확하게 해야, 일이 제때 잘될 수 있다. 그렇지 않아서 일이 잘되지 않거나 일을 다시 해야 하는 상황이 되면, 리더는 리더대로 열받고, 구성원은 구성원대로 화가 날 수 있다. 그래서 리더는 정확하고 신중하게 말하는 습관을 가져야 한다.

리더 중에는 언변이 화려한 사람이 많다. 언변이 화려하다고 주변으로부터 인정을 받다 보면, 말을 자꾸 길게 하는 습관이 생길 수 있다. 리더가 말을 많이 하는 사실에 대해서 구성원들은 겉으로 리더에게 티 내지 않지만, 속으로는 불만을 가질 것이다. 리더만 구성원이 그런 생각을 하는지 모르고 계속 말이 많아지게 된다.

리더의 많은 말들이 모두 의미가 있다면, 말을 많이 해도 좋다. 하지만 많은 말들이 적게 말을 할 때보다 오히려 전달하고자 하는 말의 효율성을 떨어뜨린다는 것에 문제가 있다. 리더가 너무 많은 말을 하면 전달이 제대로 되지 않기 때문에, 아예 말을 하지 않은 것과 같은 상황이 된다.

따라서, 리더는 업무 상황에서는 전달하고자 하는 핵심 위주로 말하는 습관을 가져야 한다. 리더의 말을 스스로 효율적으로 줄일 수 있는 3가지 방법은 다음과 같다.

첫째, 결론부터 두괄식으로 말한다. 결론부터 말한다. 그다음에 구성원의 이해를 도울 수 있는 부연 설명을 간략하게 한다. 미괄식으로 말하면, 구성원은 리더가 어떤 결론을 내려고 하는지 상상하며 들어야 하기 때문에 정확한 의도를 파악하기 어렵다.

둘째, 말하기 전에 어떤 말을 할지 미리 생각하고 말한다. 리더 중에는 구성원을 편한 존재로 인식해서, 아무 때나 생각나는 대로 말하는 사람이 있다. 그렇게 말하다 보면 횡설수설할 가능성이 매우 높다. 말하는 중간에 리더 본인도 자신이 횡설수설하고 있다는 사실을 깨닫지만, 이미 늦은 상황일 것이다. 말하기 전에 머릿속으로 할 말을 미리 구성하는 습관은 짜임새 있는 말하기를 도울 것이다.

셋째, 말하는 중간에 듣고 있는 구성원의 모습을 살핀다. 리더의 말을 제대로 이해하고 있는지, 지루해하고 있지 않은지 표정을 읽는다. 또는 리더가 말하는 중간에 구성원에게 발언권을 주면서 대화를 나눌 필요가 있다. 이런 방법은 리더의 말하는 비중을 자연스럽게 줄여 주면서, 구성원의 대화 참여를 통해 리더가 전달하고자 하는 말의 내용에 이해를 높일 수 있다.

리더가 말을 잘하는 실력을 갖추는 것은 기본이다. 그런데 말을 잘한다고 해서 말의 양이 꼭 많을 필요는 없다. 오히려 리더가 하는 말을 줄일수록 말의 효과가 더 높아질 것임을 명심해야겠다.

◆ 회의나 대화 시 리더 발언 비중을 의식적으로 줄이는가?

◆ 앞으로의 계획

52

롤모델을 만든다

"리더에게도 리더로서
방향을 제시해 줄 롤모델이 필요하다."

세상에 똑같은 사람은 한 명도 없다. 외모뿐만 아니라 성격, 가치관, 취향, 능력 등 모든 것들이 다 다르다. 어차피 세상에 나와 똑같은 사람이 없으니, 내가 알아서 판단해서 스스로 내 인생을 개척하며 살면 되는 것일까?

인생에 정답은 없지만, 내 생각에는 롤모델은 최소한 한 명 이상 있으면 좋다는 입장이다. 특히 리더라면 더욱 롤모델이 필요하다고 생각한다. 리더에게 롤모델이 있다면 좋은 점은 무엇일까?

첫째, 리더로서 성장하고 싶은 자극이 된다. 롤모델은 나의 경쟁자가 아니고 이미 나를 앞서가고 있는 사람이다. 롤모델이 있어서 그 사람을 닮고 싶다는 것은 나도 언젠가는 롤모델만큼의 수준이 되고 싶다는 뜻이기도 하다. 마음속에 롤모델이 있다면 무의식적으로라도 조금씩 스스로 성장을 위해 노력하게 된다.

둘째, 리더로서 필요한 조언을 구할 수 있다. 리더의 역할을 하다 보면, 의사결정의 순간이 많다. 스스로 분명한 의사결정을 내릴 때도 있지만, 그렇지 못할 때도 많다. 그런 때는 롤모델에게 당신이 나와 같은 상황이면 어떤 의사결정을 할지와 그런 의사결정을 하게 된 배경이나 이유가 무엇인지 듣고 참고할 수 있다. 대체로 롤모델들은 다른 사람들을 돕는 것을 좋아하기 때문에 가능한 범위 내에서 성심껏 조언해 줄 것이다.

셋째, 리더로서 인생의 방향성이 형성된다. 리더에게 '본인은 스스로 어떤 리더라고 정의할 수 있는가?', '리더로서 당신의 철학은 무엇인가?'라고 누군가 물어보면, 분명히 무언가 있기는 하지만 명료하게 답하기가 어렵다. 하지만 본인이 닮고 싶은 롤모델을 떠올리면, 그 답을 더 쉽게 할 수 있다. 롤모델과 나의 모습이나 철학이 100% 동일할 수 없다. 그럴 필요도 없다. 롤모델을 떠올리는 과정을 통해서 자신의 인생의 방향성을 형성할 수 있다면 이미 충분히 롤모델이 있음으로의 효과를 달성한 것이다.

롤모델은 2가지 유형으로 구분할 수 있다. 나의 생활 반경에서 직접 만날 수 있는 롤모델과 세상 사람에게 인지도가 높아 만나기가 어려운 롤모델이 있다.

인지도가 높은 롤모델의 경우 직접 만나기가 어렵다는 아쉬움이 있으나, 롤모델의 인터뷰 영상이나 책을 통해서 그의 철학과 경험을 공유할 수 있다. 또는 롤모델에게 이메일이나 다른 다양한 방법을 통해서 직접 소통을 시도해 보는 경험도 회신 여부를 떠나서 그 자체로 소중한 경험이 될 수 있다.

자신이 리더가 되었다고 해서 누군가의 롤모델이 되는 것에 만족하고 끝나서는 곤란하다. 그런 자세는 더 이상의 성장을 멈추게 할 뿐이다. 앞서 설명한 바와 같이 리더의 롤모델은 리더의 역할을 수행하고 앞으로의 삶을 살아감에 있어서 분명히 큰 도움이 될 것이다. 아직까지 롤모델이 없었다면, 나의 롤모델을 누구로 정하고 싶은지 지금 떠올려 보자.

◆─────────────────────── **체크리스트** ───────────────────────◆

◆ 롤모델을 찾기 위해서 적극적으로 노력하는가?

◆ 앞으로의 계획

53

주변 리더와 소통을 강화한다

리더는 '리스너(Listener)'가 되어야 한다는 격언이 있다. 자신과 함께 일하는 구성원들의 의견을 잘 경청하고, 이를 조직 운영에 슬기롭게 반영해야 한다. 이러한 리더 곁에는 인성 좋고, 실력 있는 구성원이 함께할 것이다. 이 결과, 리더와 구성원 모두 성공 및 성장 경험을 지속할 수 있다.

내부적으로는 리더가 구성원과 함께 이러한 자세를 취하고, 외부적으로도 리더는 소통을 강화해야 한다. 특히, 자신의 주변에 있는 리더와 소통을 강화하는 것이 필요하다.

리더로서 자신의 주변에 있는 리더와 소통하는 것이 왜 필요한가?

첫째, 업계의 상황 파악과 정보력 향상이 필요하기 때문이다. 내부적으로 리더와 구성원이 열심히 논의하고, 일을 하더라도 그 방향이 잘못되면, 일을 안 하는 것만 못한 결과를 초래할 수 있다. 따라서 효과적으로 그리고 효율적으로 일하기 위한 노력이 필요하며, 이를 위해서 리더에게는 업계의 상황 파악과 다양한 정보가 중요하다. 그렇기 때문에 주변 리더와의 소통은 필수적이다.

둘째, 리더로서 어려움을 서로 공감하는 기회를 통해 심리적 스트레스를 해소할 수 있다. 리더가 조직을 운영하면서 나타나는 세부적인 문제 상황은 약간씩 다를 수 있지만, 큰 틀에서 바라보면 대동소이할 때가 많을 것이다. 구성원 문제, 관계 문제, 업계 상황 문제 등에 있어서 공감대가 형성될 것이다. 문제 상황에 대해 서로 이야기 나누는 것 자체가 스트레스 감소에 도움이 될 수 있다. 거기에 운이 좋으면 리더 자신이 현재 고민하고 있는 문제에 대한 직접적인 해결 방법을 주변 리더의 경험을 통해 얻는 것도 가능하다.

셋째, 자신의 조직에 대해서 보다 객관적으로 바라볼 수 있다. 사람이든 조직이든 비교를 통해서 상대적으로 부족한 점에 대해서 실망하거나 상대를 부러워하는 것 자체는 좋지 않다. 하지만 리더가 조직에 대한 비교를 이처럼 감정적으로 하는 것이 아니라, 분석적으로 하는 것은 긍정적인 영향을 줄 수 있다. 예를 들어, 주변 리더와의 대화를 통해 조직 문화는 어떤 차이가 있으며, 구성원에 대한 복지는 어떤 차이가 있는지 등을 알게 되면 리더로서 구성원에게 어떤 평가를 받고 있을지 스스로 예측이 가능하다.

이 외에도 주변 리더와의 소통을 통해 얻을 수 있는 장점이 많다. 다만, 주변 리더와의 소통 과정에서 유의해야 할 점은 조직 내부의 민감하거나 깊숙한 일을 공유하지 않아야 한다는 점, 특정 구성원에 대한 불만과 흉을 공개적으로 하지 않는다는 점, 주변 리더가 비밀 유지를

     올라운드 리더십

부탁한 내용에 대해서는 다른 자리에서 발설하지 않음으로써 신뢰를 지킨다는 점 등이 해당한다. 이러한 몇 가지 원칙을 지킨다면 주변 리더와의 소통의 자리가 처음에는 어색해도 나중에는 기다려지게 될 것이다.

리더 중에는 내성적인 성격으로 인해 내부 사람들을 만나는 것도 피곤하기 때문에, 필요 이상의 외부 사람과의 만남과 소통을 꺼리는 리더가 있을 수 있다. 그래서 주변 리더의 소통을 불편하게 여기고, 소극적인 태도를 보일 수 있다. 충분히 그럴 수 있다고 생각하며, 그 입장을 존중한다. 하지만 리더라면 자신의 개인적 성향은 뒤로하고, 구성원과 조직을 위하는 마음을 우선으로 생각하여 주변 리더와 적극적으로 소통하는 습관을 갖출 필요가 있다고 생각한다.

◆ 체크리스트 ◆

◆ 주변 리더와 소통을 강화하여 협업 체계를 구축하는가?

◆ 앞으로의 계획

54

좋은 사람들과 교류한다

“내가 좋은 사람이 되면,
내 주변에 좋은 사람이 모인다.”

'내가 가장 자주 만나는 사람들 5명의 평균이 결국 나와 같다.'라는 격언이 있다. 지금 내가 자주 만나는 사람들 5명을 떠올려 보자. 어떤 모습인가? 만남을 통해 서로 긍정적인 에너지를 주고받는 모습인가? 불편하지만 어쩔 수 없이 관계를 유지하기 위해 만나는 모습인가?

모든 사람들은 좋은 사람들과 교류하고 싶은 마음이 있다. 이것은 리더이든 구성원이든 관계가 없다. 하지만 자신이 리더라면 현재 가까이 지내고 있는 사람들에 대해서 의식적으로 떠올려 볼 필요가 있다. 우선 좋은 사람이란 어떤 사람인가에 대한 각자의 정의가 필요하다. 내가 생각하는 좋은 사람이란 다음과 같다.

첫째, 긍정적인 에너지를 주는 사람이다. 이 사람들은 부정적인 언어를 사용하지 않는다. 누가 봐도 부정적인 언어를 써야 하는 상황에서도 굳이 그런 말을 사용하지 않는다. 어려운 일을 맞닥뜨리더라도 평정심을 잘 유지하며, 차분하게 문제를 잘 해결해 나아간다.

  올라운드 리더십

둘째, 겸손하고 예의 바른 사람이다. 자신이 과거에 이룬 일들에 집착하지 않고, 새로운 만남을 통해서 배우려는 자세를 지니고 있다. 자신의 주장을 펼칠 때에도 꼭 자신의 주장만 맞다고 생각하지 않으며, 다른 사람들의 의견 또한 존중할 줄 안다. 서로 이해관계가 다르더라도, 그것은 각자의 소속과 역할이 달라서이기 때문이라는 것을 인식하고, 인간적인 감정까지 연결시키지 않는다.

셋째, 미래에 대한 구체적인 목표가 있고 이를 실천하는 사람이다. 현재 자신의 모습에 안주하지 않고, 더 나은 자신 그리고 더 좋은 세상이 될 수 있도록 노력하며, 이에 대한 구체적인 계획과 함께 계획에 따라 실천하는 사람이다. 따라서, 미래를 준비하는 사람은 자신의 시간과 에너지를 함부로 사용하지 않는다. 이런 사람에게는 분명히 배울 점이 있다.

이처럼 각자가 생각하는 좋은 사람에 대한 정의를 내렸다면, 그런 사람들로 분류되는 사람과 다양한 방법으로 교류해야 한다. 정기적으로 모임 등을 통해 직접 만나서 교류하는 것이 가장 이상적이고, 만남의 효과가 크다. 이 외에도 전화나 SNS를 통해 서로의 생각과 경험을 주고받으며, 좋은 기운을 얻을 수 있다.

리더의 경우, 주변의 좋은 리더와 교류하는 것도 중요하지만 구성원과의 교류에도 신경을 써야 한다. 나중에 리더가 될 자질이 있는 구성원이나 자신의 역할을 제대로 수행할 수 있는 구성원과의 소통을 충분하게 해서 함께 일할 수 있는 기회를 만든다. 조직은 리더 혼자 훌륭하다고 해서 그 조직이 잘 운영될 수 없다. 훌륭한 리더 곁에는 그만큼 훌륭한 구성원이 있어야 서로 시너지 효과를 발생시켜 조직이 더 발전할 수 있는 법이다.

반대로 부정적인 기운을 주는 리더나 구성원과는 빠른 시일 내 관계를 정리하는 것이 좋다. 단번에 관계를 끊어 내는 방법도 있고, 서서히 멀어지는 방법이 있다. 그동안의 관계가 있어서 마음이 아플지라도, 결국 내 인생에 부정적인 영향을 미칠 것 같다는 판단이 든다면 단호하게 행동으로 옮겨야 한다.

혹시 부정적인 사람을 긍정적인 사람으로 자신이 바꿀 수 있다고 생각한다면 얼른 접는 것이 좋다. 사람의 기본적인 성향은 쉽게 바뀌지 않기 때문이다. 세상은 넓고 사람은 많기 때문에, 어차피 멀어져야 할 사람에 대해서 애써 집착하지 않아야 한다.

무엇보다 자기 자신이 좋은 사람이 되어야 한다. 그래야 주변에 좋은 사람이 모이고, 자연스럽게 교류가 가능해진다. 자신이 좋은 사람이 아닌데, 좋은 사람과 지내려고 한다면 그야말로 모순일 수밖에 없다. 어제보다 오늘 더 좋은 사람이 될 수 있도록 자신을 가다듬고 성장시켜야 한다. 그 성장의 모습이 하루하루 눈에 보이지 않더라도 지속하는 과정에서 좋은 사람을 만날 수 있을 것이다.

◆ **체크리스트** ◆

◆ **자극을 줄 수 있는 훌륭한 인사들과 꾸준히 교류하는가?**

◆ **앞으로의 계획**

올라운드 리더십

55

맛집 리스트를 파악한다

"맛있는 음식을 함께 먹으면,
정서적으로 친밀감을 느끼게 된다."

맛있는 음식을 먹는 순간은 누구나 좋아한다. 요즘은 직장에서 퇴근 이후에 회식하는 기회가 줄어들어서, 직장 동료와 함께 맛있는 음식을 먹는 순간이 전반적으로 줄어들고 있다고 한다.

리더는 구성원과 함께 퇴근 이후 직장 밖에서 식사할 수 있는 기회가 줄어들수록, 식사하는 자리가 리더와 구성원 모두 좋은 순간이라고 느낄 수 있도록 세밀하게 준비해야 한다.

그렇다면 세밀한 준비에는 어떤 요소가 필요할까? 우선 리더가 다양한 분야의 맛집을 알고 있어야 한다. 인터넷 검색을 통해서 어렴풋이 평판과 식당 분위기 정도는 파악힐 수도 있지만, 가장 확실한 방법은 리더가 식당에서 미리 식사를 직접 해 보는 것이다.

식사를 직접 해 보면 무엇을 알 수 있을까? 음식의 맛과 양, 테이블 간격, 서빙의 수준, 식당 분위기, 식당 방문자의 인원 정도와 연령대, 식당에 가기 위한 교통편 등을 파악할 수 있다.

식당이 직장 동료와 함께 갈 수 있는 맛집이라고 판단되면, 잘 기억하거나 메모해 둔다. 그리고 다음 회식 때 이 맛집에 직장 동료와 함께 방문해서 좋은 시간을 보낸다.

어떤 리더는 회식 장소를 리더가 직접 찾는 것보다 구성원에게 맡기는 것이 여러모로 더 좋다는 주장을 한다. 어쩌면 맞는 말일 수도 있다. 이 방법은 구성원이 원하는 식당을 가는 것은 물론, 리더가 회식 장소를 선택하는 데 드는 시간과 에너지를 아낄 수 있도록 하는 장점이 있다.

하지만 리더가 직접 회식 맛집을 찾아서, 구성원과 함께 가는 것은 구성원에게 리더의 성의를 느끼게 하고, 감동을 줄 수 있다. 단, 맛집의 수준이 구성원의 기대를 뛰어넘어야 한다.

음식 가격이 비싼 식당이 음식 맛도 좋고, 분위기도 좋을 것이다. 따라서 가끔은 비싼 식당에 리더가 구성원을 리드해서 데리고 갈 필요가 있다. 그리고 가성비 좋은 맛집에 가게 된다면, 리더와 구성원이 서로 부담 없이 대화를 통해 서로의 생각과 경험을 알아가는 소중한 시간을 보낼 수 있는 기회가 될 것이다.

리더는 맛집 리스트를 파악해야 한다. 맛집 리스트를 파악만 하지 않고, 실제로 구성원과 함께 맛집에 방문하여 식사하는 경험은 리더가 실제적인 리더십을 발휘하는 데 큰 도움을 줄 것이다.

◆ 구성원과 함께하기 위한 나만의 '맛집 리스트'가 있는가?
Ⅳ. 리더의 관계성 확장

◆ 앞으로의 계획

56

뒤끝을 남기지 않는다

첫 만남의 순간 느낌만큼이나 헤어지는 순간의 느낌이 중요하다. 더 이상 만날 인연이 아닌 사람과 이제는 못 보게 되어 아쉽다는 느낌이 들었다면, 그 인연은 좋았던 인연이라고 할 수 있다. 그런데 서로 1분, 1초도 보기 싫고, 마주 보고 있는 상황 자체가 불편하다면 그 인연은 어떤 이유이든지 잘못된 인연이고, 서로를 위해서 헤어져야 한다.

비단 연인과의 관계에만 한정할 수 없다. 조직이나 직장에서의 관계도 마찬가지이다. 첫 만남은 서로 어색하고 서먹서먹했을지 몰라도 함께 여러 가지 일을 헤치고 나아가다 보면, 동료와 정이 들게 된다. 그래서 그렇게 정이 들었던 누군가가 조직을 떠나는 순간 아쉬운 마음이 생기게 된다.

리더의 경우, 리더가 가는 자리마다 구성원들이 반가워하고, 함께 근무하는 동안 서로 즐겁고 행복하게 목표를 달성하면서 근무하면 더할 나위 없이 이상적일 것이다. 하지만 리더가 일부러 애를 써도 그렇

올라운드 리더십

게 완벽한 사례를 경험하기는 거의 불가능에 가깝다고 볼 수 있다. 리더가 구성원들과 좋은 관계를 가질 수 있도록 노력하는 것은 맞지만, 리더가 구성원의 마음과 다른 방향으로 과도하게 애를 쓰면, 오히려 더 관계가 엇나가는 사례도 있다. 이럴 때는 차라리 서로 약간은 거리를 두고, 무관심한 시간을 두는 것도 좋다.

리더는 구성원을 다른 조직이나 부서로 보내야 하는 자리에서 평소 구성원에 대해 어떤 생각과 평가를 했든 뒤끝 없이 좋은 마음을 표현하며 보내야 한다. 덕담이 담긴 간단한 카드나 사회적 통념이 벗어나지 않는 범위의 금액 내의 가벼운 선물을 주는 것도 바람직하다. 반대로 리더가 떠나는 구성원에게 선물을 받는 것은 사양하는 것이 맞다.

그렇지 않고, 리더가 굳이 떠나는 구성원에 대한 아쉬움이나 섭섭한 마음을 구성원 당사자나 다른 구성원에게 표현해서는 곤란하다. 구성원이 떠나는 마당에 그렇게 해서 리더가 취할 수 있는 이득이 아무것도 없다. 떠나는 구성원이 아니라 리더의 평판만 더 나빠진다. 그리고 다른 구성원들은 '내가 떠날 때도 지금 리더는 나의 단점을 이야기하겠구나.'라고 무의식적으로 생각하고, 앞으로 리더를 경계하게 된다. 리더가 되어서 구성원의 흉이나 보고 다니는 것은 리더의 자격이 별로 없다고 봐야 한다.

그보다 리더는 떠나는 구성원의 장점이나 함께 일하면서 좋았던 경험을 의식적으로 찾는 것이 바람직하다. 오래 함께 일했다면 분명히 1가지 이상은 있을 것이다. 그것을 찾아서 구성원의 마지막 근무일이나 마지막 식사 자리에서 대화를 한다면, 헤어지는 순간 함께하는 모두의 마음이 따뜻해질 것이다. 그동안 리더에 대해서 좋은 마음이 없었던 구성원들의 마음이 긍정적으로 돌아설 수 있는 계기가 될 것이다.

뒤끝이 없도록 하는 것은 앞으로 안 볼 사이인 구성원뿐만 아니라 계속 얼굴을 마주하고 일해야 할 구성원들과도 중요한 관련이 있다. 어떤 때 구성원이 실수나 잘못을 한 걸 가지고, 리더가 시종일관 어두운 표정으로 그 구성원을 대해서는 안 된다. 실수나 잘못에 대해서 언급할 때 딱 한 번만 그런 표정으로 지적하고, 그다음에는 리더가 그 사실에 대해 잊은 사람처럼 행동해야 한다. 자꾸 안 좋은 생각이 연결 지어 생각이 나더라도 리더가 먼저 티를 내서는 안 된다.

그래야 리더와 구성원 모두 실수와 잘못을 잊고 새로운 마음으로 일을 시작해 볼 수 있다. 리더가 뒤끝 있어 봐야 가장 손해 보는 것은 결국 리더 자신이라고 생각해도 좋다.

◆ · 체크리스트 · ◆

◆ 서운한 감정을 남기지 않고, 뒤끝 없이 깔끔하게 소통하는가?

◆ 앞으로의 계획

V

리더의 자기 관리

57

밝은 에너지를 유지한다

❧

구성원의 입장에서 자신이 바쁜 시기에 리더의 모습을 보면, 참 편해 보여서 부럽다는 생각을 할 때가 있다. 리더는 구성원처럼 바빠서 허덕이는 모습을 보이지 않기 때문이다. 그런 순간에 구성원은 리더의 자리가 부럽다는 생각을 하고 그 수준에서 생각이 그치거나, '열심히 일하고 인정받아서 나도 언젠가 리더가 되어야지'라는 다짐을 하게 된다.

그런데 리더가 정말 편한 자리일까? 조직마다 다를 수 있지만, 리더는 실무를 하지 않는 대신에, 조직 내에서 실무 과정에 발생한 문제해결을 위한 고민과 의사결정이 업무의 주를 이룬다. 그리고 리더 역시 본인이 기관장이 아니라면, 리더의 리더인 상급자가 존재하기 때문에, 리더이자 동시에 구성원 역할을 해야 할 때가 있다. 결론은 리더가 겉으로는 편해 보여도, 정신적으로는 편하지 않을 가능성이 높다는 것이다. 이러한 리더의 입장을 구성원도 이해할 필요가 있다.

중요한 사안에 대한 고민이 있어서 그런지 많은 리더의 표정이 무표정하거나 어둡다. 리더의 입장에 대한 이해가 부족한 구성원은 '왜 리더가 저런 표정일까' 의문을 가지게 된다. 구성원은 리더를 이해하지 못하고, 다가가서 말을 붙이기가 어려운 분위기가 조성된다.

따라서 리더는 표정뿐만 아니라 행동을 의식적으로 관리할 필요가 있다. 가급적 밝은 에너지를 내는 방향으로 관리해야 한다. 그래야 리더와 구성원 원활한 소통이 가능하고, 구성원이 자신의 일을 하는 데 집중할 수 있는 환경이 된다. 리더만 가져야 되는 고민을 구성원에게 굳이 공유하지 말자. 대부분의 구성원과는 상관도 없고, 일이 해결되지도 않고, 구성원의 머리와 마음만 무거워지게 한다.

리더 스스로 조직이 어려운 상황에서 밝은 에너지를 내는 것이 알맞지 않다고 생각할 수 있다. 분위기에 알맞은 에너지를 갖는 게 바람직하다고 믿는 경향이 있다. 하지만 어려운 상황일수록 리더가 솔선수범하여 밝은 에너지를 통해 문제를 해결해 나가는 모습을 보면서, 오히려 구성원들은 리더의 긍정적인 면을 보게 될 것이다.

리더가 밝은 에너지를 내는 것은 누구보다 리더 자신에게 가장 큰 도움이 된다. 상황이 어렵다고 리더가 부정적인 표정, 말투, 행동을 한다고 그 상황이 나아지겠는가? 전혀 도움이 안 된다. 혹시 이런 습관이 있다면, 의식적으로 개선할 필요가 있다. 리더뿐만 아니라 구성원도 이러한 습관이 있다고 스스로 인식한다면 하루빨리 개선해야 한다.

조직에서 좋은 일만 있을 수 없다. 좋지 않은 상황에서도 리더가 평상심을 유지하고, 밝은 에너지를 유지한다면 구성원들의 팔로워십은 더욱 안정적으로 작용할 것이다.

◆ 조직 전체에 긍정적인 영향을 주는 밝은 에너지를 유지하는가?

◆ 앞으로의 계획

58

건강을 지키기 위해 노력한다

"건강을 잃는 것은 모든 것을 잃는 것과 같다."

인생에서 가장 중요한 것이 무엇인가? 한 가지만 정해야 한다면 바로 '건강'일 것이다. 돈이나 명예를 잃어도 어떻게든 그 상황에 맞춰서 살 수 있지만, 건강을 잃으면 사망하거나 예전처럼 건강하게 생활하는 데 회복이 어려울 수 있기 때문이다.

'돈'과 '명예'에 대한 이야기를 먼저 해 보자. 그런데 요즘은 고물가와 부동산 가격 급등으로 인해, '돈(재테크)'에 대한 관심이 높다. 이에 따라 고소득을 보장하는 전문직, 월급을 많이 주는 대기업을 선호하는 것이 사실이다. 이것을 잘못됐다고 말할 수 없으며, 자신의 능력과 적성에 맞는다면 이를 권장할 수 있다고 본다.

'명예'의 경우, 예전만큼 중요하게 생각하지 않는 분위기이다. 이 책에서 주제로 다루고 있는 '리더'의 경우를 명예와 연관 지어 생각해 볼 수 있는 측면이 있는데, 요즘 '리더 포비아'라는 말처럼, 리더의 책무에 부담을 느껴서 굳이 하지 않겠다는 사례가 꽤 있다.

'명예'를 '돈'에서 찾는 경우가 많다. 예를 들어, 월 소득액이 얼마인지, 어느 지역에서 몇 평짜리 아파트에 사는지, 어느 차와 명품을 소유했는지 등이 곧 명예로 인식되기도 한다.

이처럼 최근 '돈'에 대한 지위는 상대적으로 올라간 반면, '명예'에 대한 지위의 중요성은 사람마다 다르겠지만, 전반적으로 낮아진 것으로 보인다.

어찌 되었든 이런 '돈'과 '명예'도 '건강'을 잃으면, 아무 소용이 없다. 따라서 리더는 건강 관리를 잘해야 한다. 꼭 리더가 아니더라도 모든 사람에게 적용되는 내용이다.

건강 관리에 관해서는 전문 서적이 많기 때문에 굳이 이 책에서 구체적으로 기술하지 않아도 될 것으로 보인다. 하지만 개인적인 수준에서 '리더'의 역할을 고려하여, 건강 관리를 어떻게 해야 할 것인가에 대해서 상식적인 수준에서 누구나 알고 있지만 실천하기 어려운 몇 가지를 언급하고자 한다.

첫째, 아프면 병원에 간다. 또는 아플 것 같아도 미리 병원에 간다. 혼자 큰 병이 아니길 걱정하면서 바쁘다는 핑계로 병을 키우지 말고, 병원 의사 선생님을 통해서 정확한 진단을 받고, 필요하면 치료를 받는 것이 좋다. 평소에 병원에 자주 다니는 사람이 자신의 건강을 장기적으로 잘 관리하며, 오래 살 수 있다고 한다.

둘째, 충분한 수면 시간을 스스로 보장한다. 세상에는 내가 해야 할 일들도 많고, 재미있는 일들도 많다. 하지만 잠을 줄여 가면서까지 일을 과도하게 하거나, 여가를 보내는 것은 장기적으로 건강에 손상을 입힐 수밖에 없다. 다음 날 일상을 잘 보낼 수 있도록 하는 자신에게 알맞은 수면 시간을 찾아서 그 시간을 보장할 수 있도록 노력한다.

셋째, 스트레스를 적절하게 관리한다. 스트레스를 너무 안 받아도 문제고, 지나치게 많이 받는 것도 문제다. 일상생활에서 적정 수준의 긴장감과 스트레스를 유지할 수 있도록 의식적으로 노력해야 한다. 스트레스를 많이 받았을 때, 이를 해소할 수 있는 자신만의 방법을 찾아 실천하는 것이 중요하다.

넷째, 몸에 좋은 음식을 섭취한다. 술, 가공식품 등의 해로운 음식을 먹는 만큼 나의 남은 수명과 맞바꿀 가능성이 높다고 믿으면 되겠다. 담배와 같은 기호식품도 마찬가지이다. 또한, 음식을 지나치게 많이 먹거나 간식을 섭취하는 습관도 아예 버리는 것이 좋다. '내가 먹는 음식이 내일의 나를 만든다.'는 생각으로 좋은 음식을 알맞게 섭취하면서, 적정 수준의 체중을 유지할 수 있도록 관리한다.

다섯째, 중강도 이상의 운동을 꾸준히 한다. 건강검진을 받으러 가서 작성하는 문진표에서 '하루에 30분 이상, 땀이 나도록 운동하는 것이 일주일에 몇 번인가요?'라는 질문을 나뿐만 아니라 독자들도 기억할 것이다. 직장생활이나 자영업으로 바쁜 사람들은 쉽지 않겠지만, 자신의 건강을 위해 운동할 수 있는 시간과 의지를 만들어서 매일은 아니더라도 일주일에 3회 이상 중강도 이상의 운동을 실천해야 한다.

실제로 리더이든 구성원이든 관계없이 각자에게 건강은 매우 소중한 것이다. 그리고 구성원의 입장에서 생각해 보면, 당연히 자신과 함께 근무하는 리더가 건강하기를 바란다. 리더의 신체가 건강하면, 건강한 정신을 가지고 판단력과 의사결정능력을 발휘할 수 있기 때문이다. 또한, 보기에도 좋다. 구성원의 입장에서 건강해 보이는 리더와 어느 회의나 모임에 가도 부끄럽지 않을 것이다.

리더는 일에서의 실력과 곧은 인품을 갖는 것뿐만 아니라, 리더 자신과 구성원들을 위해 건강함을 갖춰야 한다. 건강을 잃으면, 돈과 명예는 아무 의미가 없어질 것이다.

◆ **체크리스트** ◆

◆ 정기적인 검진과 관리로 건강을 유지하기 위해 노력하는가?

◆ **앞으로의 계획**

59

행복의 빈도를 높인다

"행복을 멀리서 찾으면, 자주 만나기가 어렵다."

행복은 어디에서 오는가? 사람마다 추구하는 행복의 가치가 다르기 때문에 절대적으로 비교하기 어렵다. 보편적인 행복의 가치가 있겠지만, 사람 수만큼 다양한 행복이 존재한다고 생각해 볼 수 있다.

리더에게는 자유와 권한이 많기 때문에 보통 사람들보다 일반적으로 행복할 것이라고 믿는 경우가 많다. 어느 정도 타당한 부분도 있지만, 반대로 그렇지 않은 부분도 있다.

리더는 주어진 권한만큼 책임 또한 크고, 신경 써야 할 일들과 구성원들이 많아서 힘든 부분이 있기 때문이다. 또한, 리더의 잦은 의사결정이나 구성원을 대상으로 한 설득 과정 등은 리더로 하여금 과도한 스트레스에 노출되게 할 우려가 있다.

그래서 리더는 스스로 행복의 빈도를 높일 수 있는 방법을 능동적으로 찾아야 한다. 빈도를 높이려면, 리더 자신 가까이에서 찾아야 한다. 몇 가지 방법을 소개한다.

첫째, 집이나 직장 근처에서 자신이 좋아하는 공간을 만든다. 집 안에 특정한 방이나 공간도 좋다. 집 밖에서는 산책로도 좋고, 카페도 좋다. 반드시 멀리 있는 곳에서 찾을 필요는 없다. 짧은 시간을 보내더라도 자신의 시간을 보내면, 기분이 좋아지는 공간을 만든다. 그 공간을 활용하다가 더 이상 좋은 기분을 느끼지 못하면 다른 공간을 찾아본다. 새로운 장소에 방문해 보는 것도 신선한 경험이 되어 행복감을 느끼게 해 줄 수 있다.

둘째, 자신이 좋아하는 대상을 찾는다. 예를 들어, 리더로서 존경심이 들고, 배우고 싶은 인지도가 높은 리더가 있다면 그 사람에 대한 책, 기사, 인터뷰 영상 등을 찾아보면서 실제로 배울 점을 찾고, 동기부여를 할 수 있다. 자신과 가까운 사이의 리더와 함께 시간을 보내며 다양한 주제의 대화를 하는 것도 행복한 시간을 보내는 방법이다. 아니면 리더 자신의 일과 전혀 다른 분야의 사람에 대해 관심을 갖거나, 응원하는 것도 좋은 경험이다.

셋째, 가족과 함께하는 시간을 늘린다. 잠시 리더의 일을 떠나서, 가족과 함께 활동을 하거나, 대화를 하면서 식사를 하는 동안 스트레스를 해소하고, 행복감을 느낄 수 있다. 가족과 함께 보내는 시간에서 행복감을 느끼기 위해서는 평소에 가족에 대해 관심을 가지고, 유대관계를 쌓아야 한다. 자신의 직장이나 사업으로 인해 바쁘다는 핑계로 가족과 소홀하게 지내다가, 갑자기 가족들에게 자신과 함께 시간 보내기를 요구하면, 가족 입장에서는 부담감이나 불편함을 느낄 수 있기 때문이다.

넷째, 긍정적인 마음가짐을 가지려고 노력한다. 다른 사람들에 대하여 불평불만보다는 감사한 마음을 갖는 것이 리더 자신을 위해서 좋다. 감사한 마음을 가지고 있으면, 행복감을 더 자주 느낄 수 있다. 남들이 보기에 너무 소소한 것으로 행복을 느끼는 것이 아닌가 생각이 들 정도로 행복감을 느끼는 대상과 범위를 확대하는 것이 바람직하다. 세상에 당연한 것은 없다는 생각으로 리더 자신의 주변에서, 리더의 일을 지원하는 구성원과 사람들에 대해서 관심을 가지고 감사함을 표현하면 좋겠다.

희소성이 있는 일을 했을 때, 사람들은 행복감을 느낀다고 한다. 예를 들어, 대단한 일을 성취한 순간, 멀리 해외여행을 가서 시간을 보내는 순간, 평소에 갖고 싶었던 값비싼 물건을 구입한 순간 등에서 큰 행복과 만족감을 느끼게 된다. 하지만 이런 기회가 자주 있기는 쉽지 않다. 따라서 행복을 자신 가까이에서 찾는 습관이 필요하다. 그런 습관이 자리를 잘 잡으면, 점차 행복한 인생이 될 것이다.

◆ 체크리스트 ◆

◆ 일상의 작은 행복들을 자주 느끼며, 소중하게 여기는가?

◆ 앞으로의 계획

60

질 높은 수면을 관리한다

"충분한 수면은
리더의 건강과 올바른 의사결정에 도움을 준다."

리더는 성취 욕구가 높다. 오늘의 그 자리에 정체하는 것을 본능적으로 싫어한다. 그래서 일의 성취 수준을 높이기 위해 업무 시간을 늘리거나, 인적 네트워크를 공고히 하기 위해 만남의 자리를 갖거나, 새로운 무언가를 배우는 것에 흥미를 보인다.

기혼자인 리더의 경우, 가족과 시간을 보내는 것을 소홀해서는 안 된다. 평일에는 가족 구성원이 모두 바쁘더라도, 주말에는 가족들이 충분히 함께 시간과 경험을 공유하는 기회를 갖는 것이 중요하다.

이런 상황에서 바쁘게 사는 리더는 수면을 줄이는 방법을 선택할 수 있다. 특히, 젊은 리더일수록 수면 시간을 줄이는 방법을 선택하는 경향이 높을 것으로 보인다. 하지만 이 방법을 자주 선택하면 장기적으로는 건강에 부정적인 영향을 줄 것이다. 또한, 리더로서 업무 추진은 물론 의사결정과 판단력에 있어서도 좋지 않은 결과로 연결될 수 있다.

따라서 리더는 부족한 시간을 잘 활용해서 질 높은 수면을 관리해야 한다. 질 높은 수면을 관리하는 구체적인 3가지 방법을 제시한다.

첫째, 이른 시간에 잠드는 습관을 갖는다. 불가피한 회식이나 저녁 약속은 주당 2회 이하로 관리한다. 또한, 저녁 시간의 루틴을 최대한 간소화한다. 예를 들어, 저녁 약속이 없는 날에는 저녁식사를 하고, 가족들과 이야기를 나누고, 가볍게 동네 산책하고, 씻은 다음 잠을 청하는 것을 기본으로 한다. 가급적 이 루틴 안에 새로운 것을 넣지 않는다.

둘째, 충분한 수면 시간을 확보한다. 수면 시간이 길다고 해서 꼭 깊은 잠을 잘 수 있는 것은 아니다. 하지만 수면 시간을 충분하게 확보하는 것은 수면의 질을 높여 줄 가능성을 확보하는 것과 다름이 없다. 어떤 날은 짧게 자고 일어나도 피곤함이 덜한 날이 있기는 하지만, 이러한 수면이 지속될수록 피로도는 더 쌓일 수밖에 없다. 따라서, 처음부터 수면 시간을 충분하게 확보하려는 노력이 필요하다.

퇴근 시간 이후에 할 수 있는 재미있는 활동이 많다. 예능·드라마·스포츠·유튜브 시청만 해도 어떤 때는 시간이 모자란다. 어떤 날은 유튜브 숏츠만 보다가도 1시간이 훌쩍 넘어가는 경우가 누구나 한 번쯤은 있을 것이다. 꼭 보고 싶은 프로그램을 제외하고, 봐도 그만 안 봐도 그만인 프로그램은 안 보려고 노력해야 한다. 퇴근 시간 이후를 크게 의미 없는 소비적인 활동에 소중한 시간을 보내노록 해서 아까운 수면 시간을 줄이지 말아야 한다.

셋째, 저녁 시간에는 카페인 음료 섭취를 금한다. 어떤 사람들은 자신은 하루를 열심히 보내기 때문에, 하루에 커피 3잔 이상을 마셔도 푹 잘 수 있다고 주장한다. 하지만 그것은 기분이 그렇다는 것이지, 몸

속에 들어온 카페인이 몸 밖으로 빠져나가는 것에는 분명 시간이 필요하다. 저녁에 마시는 커피를 비롯한 카페인 음료는 나도 모르는 사이에 깊은 수면에 방해될 것이다. 이것은 다음 날에 리더 활동을 하는 데에 있어서 부정적인 영향을 줄 수 있다.

자기계발 책들 중에서 새벽에 일어나서 자신만의 시간을 온전히 가져서 성장해야 한다는 주제의 책이 꽤 많이 있다. 책의 내용 중에서 설득력 있는 부분들이 분명 있다. 하지만 이 경우는 새벽에 일어나는 만큼 낮 시간에 떨어질 수 있는 집중력을 어떻게 관리하느냐가 중요한 관건이 될 수 있다. 이런 경우에는 앞서 언급한 것처럼 일찍 잠을 청하는 습관을 들이거나 낮잠을 잘 필요가 있다.

위의 방법 등을 활용하여 리더 스스로 수면의 질과 시간을 소중하게 관리해야 한다. 질 높은 수면은 리더 개인의 삶뿐만 아니라 리더가 속한 조직의 안정과 발전에 중요한 영향을 줄 수 있기 때문이다.

◆ 체크리스트 ◆

◆ 충분하고 질 높은 수면 시간을 확보하는가?

◆ 앞으로의 계획

 올라운드 리더십

61

운동 시간을 확보한다

❦

"사회적으로 인정받는 리더 대부분은
바쁜 시간을 쪼개 운동을 한다."

바쁜 리더는 해야 할 일의 우선순위를 잘 정해야 한다. 아무래도 중요하고 시급한 일을 먼저 처리하다 보면, 자신만의 시간을 가지기가 어렵다. 특히, 기혼자의 경우에는 가족과 함께하는 시간을 충분히 확보하는 것도 필수적이기 때문에 시간에 쫓기는 것이 사실이다.

이렇게 하루를 보내다 보면, 일부러 운동을 찾아서 하기가 쉽지 않다. 평소에 운동하는 것을 좋아하거나, 이미 운동하는 습관이 형성된 리더를 제외하고는 말이다. 운동을 하면 건강에도 좋고, 기분 또한 좋아진다는 사실을 알면서도 막상 실천하기가 어렵다.

현재 건강에 자신이 있고, 당장 운동의 필요성을 못 느낀다고 하더라도 리더라면 운동을 실천하자. 그러기 위해서는 운동 시간을 확보해야 한다. 그렇다면 언제 운동하는 것이 좋을까?

리더마다 각자 근무시간이 다르기 때문에, 근무하는 생활패턴을 고려하여 운동 시간을 정하는 것이 좋다. 예를 들어, 출근 시간이 이른 경우에는 퇴근 후에 운동하는 것이 좋고, 출근 시간이 늦은 경우에는 출근하기 전에 운동하는 것이 좋겠다.

둘 다 가능한 경우에는 아침에 운동하는 것을 추천한다. 해야 할 하루 과제인 운동을 아침에 수행했다는 성취감은 물론 근무를 시작하기 전에 활력을 줄 것이다. 불면에 시달리지 않고, 저녁에 일찍 잠들 수 있는 효과도 얻을 수 있다. 퇴근 후 저녁에 운동하는 경우에는 수면에 방해가 될 수 있다는 단점이 있다는 연구 결과가 있다. 그래도 저녁 운동을 하는 것이 아예 안 하는 것보다는 나을 것이다.

리더 중에는 평소 대중교통을 이용하거나, 업무 중이나 점심시간에 많이 걷기 때문에 따로 운동하지 않아도 된다고 생각하는 경우가 있다. 걷기 운동도 좋지만, 주 3회 이상 중강도 이상의 무산소 운동과 유산소 운동을 병행하는 것이 근육 유지, 심혈관 건강 등에 있어서 큰 도움이 될 것이다. 중강도 이상의 운동이 창의적인 사고를 하는 데 긍정적인 역할을 한다는 연구 결과가 있다.

헬스장에서 운동해 본 경험이 없다면, 일정 기간 PT를 받으면서 운동 방법을 배워 보기를 권장한다. 아니면 자신이 즐기면서 할 수 있는 운동을 찾아보는 것도 좋은 방법이다.

리더는 조직과 모든 구성원을 대표하는 역할을 자주 해야 한다. 그런데 리더가 건강을 관리하지 못하는 모습을 보이면, 리더와 조직의 실력을 떠나서 리더뿐만 아니라 조직과 구성원에게 주는 좋은 인상과 신뢰감을 저해할 수 있다. 반대로 리더가 건강 관리하는 모습을 보이면, 조직과 구성원 또한 리더처럼 건강한 이미지를 가질 수 있다.

 올라운드 리더십

리더가 조직을 잘 이끌면서, 자신의 역할을 수행하기 위해서는 자기 관리가 중요하다. 자기 관리하는 방법 중에 가장 기본은 운동이다. 무의미하거나 불필요하게 보내는 시간을 줄이고 운동 시간을 확보할 수 있도록 노력하자. 3주 이상 운동하는 습관을 가지면, 자신도 모르게 어느 순간 운동을 즐기고 있는 자신을 발견하게 될 것이다. 스스로에 대한 믿음과 자신감이 생기고, 리더 역할 또한 그만큼 건강하게 수행할 수 있을 것이다.

◆· 체크리스트 ·◆

◆ 바쁜 일정 속에서도 규칙적으로 운동 시간을 지키는가?

◆ 앞으로의 계획

62

외모를 관리한다

"리더의 실력이
관리 안 된 외모 때문에 폄하되지 않게 하자."

구성원의 입장에서 어떤 리더를 선호할까? 인격적인 리더, 전문성을 갖춘 리더, 비전이 있는 리더 등등 구성원마다 선호하는 리더가 있을 것이다. 공통적으로 구성원들이 선호하는 리더의 공통점은 어느 정도 외모가 관리된 리더일 것이다.

조직 내에서 외모에 대해서 서로 언급하는 것을 금기시하기 때문에 외모 관리의 중요성에 대해서 소홀해질 수 있다. 리더의 실력과 외모 중에서 무엇이 더 중요하냐고 묻는다면 당연히 실력일 것이다. 그런데 그 실력도 외모 관리까지 뒷받침된다면 더욱 빛나는 것이 현실이다.

사람마다 타고난 얼굴, 키, 체형 등은 후천적으로 개선하기가 어렵다. 바꿀 수 없는 단점에 탄식하고 포기하기보다는 후천적으로 관리할 수 있는 외모에 집중한다. 자신의 신체에 대한 강점은 살리고, 약점은 보완하려는 노력을 한다. 도저히 어떻게 해야 할지 모르겠는 경우에는 이미지 컨설턴트의 도움을 받는 것이 필요하다.

우선 체형과 관련해서는 표준 체중을 유지할 수 있도록 노력하면 좋겠다. 목, 어깨, 허리 라인이 반듯하게 펴져 있으면 자신감 있는 리더의 모습으로 비칠 수 있다. 바른 자세로 꾸준히 운동을 하면, 큰 도움을 줄 것이다.

피부의 경우, 선크림을 잘 바르고 씻는 습관을 가지면, 어느 정도 노화를 예방할 수 있다. 필요한 경우에는 피부과에서 검사와 진료를 받아 보는 것도 좋다. 무엇보다 평소에 물을 자주 섭취하고, 피부에 해로운 영향을 주는 술, 담배, 가공식품 등을 멀리하는 습관이 중요하다.

체취 또한 잘 관리할 필요가 있다. 샤워를 자주 하고, 옷 관리를 신경 써서 한다. 자신과 어울리는 향수를 은은하게 사용하는 것도 좋다.

옷도 자신의 몸과 계절에 알맞게 입어야 한다. 옷이 몸보다 크거나 작아서 어색하지 않은지 살펴봐야 한다. 필요한 경우, 옷을 적절하게 수선한다. 계절에 어울리는 옷차림은 자신뿐만 아니라 보는 사람도 편안하게 한다. 공식적인 회의나 출장에서는 리더답게 정장을 입는 등 그 자리에 어울리는 옷차림을 신경 써서 할 필요가 있다.

다시 구성원의 입장으로 돌아가 보자. 위에서 설명한 내용만 대부분 지켜 줘도 리더로서 외모로 인해 마이너스 평가될 일은 없다. 외모 때문에 리더로서 평가절하되어서는 안 된다. 리더와 함께 다니는 구성원이 리더의 부족한 외모 관리 때문에 구성원 자신까지 창피하게 생각하는 일은 없도록 외모를 관리해야 한다.

외모를 꾸준히 관리하는 것이 모두에게 말처럼 쉬운 일은 아니겠지만, 우리 함께 노력해 보자.

◆ 신뢰감을 줄 수 있는 단정한 외모와 복장 상태인가?

◆ 앞으로의 계획

63

시간 관리의 소중함을 깨닫고, 실천한다

"리더의 시간 관리 방식은
자신뿐만 아니라 구성원에게도 영향을 준다."

높은 수준의 리더 자리에 오를수록 시간이 부족해지는 경향이 있다. 신경을 써야 하는 일의 범위가 넓고, 만나야 하는 사람의 수도 많아지기 때문이다. 그래서 시간 관리를 잘해야 원만하게 마땅히 해야 할 여러 가지 일들을 순차적으로 안정적으로 해결할 수 있다.

그럼 반대로 리더가 시간 관리를 제대로 하지 못하면 어떤 일이 일어날까?

우선 구성원과 일들을 전반적으로 못 챙길 수 있는 상황이 발생할 수 있다. 특정한 구성원과 그들이 하는 일에만 관심을 갖게 되고, 리더의 우선순위에 있지 않은 구성원과 일들에 대해서는 등한시하게 될 가능성이 높다. 나중에는 '알아서 잘하고 있겠지.'라는 방임 형태의 리더십이 나타나게 된다. 이런 상황이 장기화될 경우, 나중에 수습이 어려운 수준으로 문제 상황이 커져 버린 후에 리더 앞에 나타날 수 있다.

또한, 구성원들이 리더의 리더십에 의심을 품을 수 있다. 리더는 일의 우선순위와 상황에 맞춰서 시간별 계획에 따라 움직여야 하는데, 구성원의 기대와 리더의 행동이 다르면 구성원은 리더가 제대로 시간 관리를 못하고 있다고 믿는다. 리더십에 문제가 생기면 구성원 또한 리더의 기대대로 행동하지 않을 가능성이 높아진다.

그렇다면 리더는 시간 관리를 어떻게 해야 할까?

첫째, 시간 계획을 휴대전화나 수첩에 메모한다. 메모하지 않으면, 중요한 약속이나 행사을 놓치거나 겹치는 상황을 만들어 결국 일의 공백이 생기게 만든다. 일을 담당하는 구성원 입장에서는 맥이 빠지는 일이 될 수 있다. 리더 자신의 시간 계획을 메모하는 습관을 갖는다면 이러한 일을 최소한으로 줄일 수 있으며, 계획적으로 일을 해 나아갈 수 있다.

둘째, 불필요한 일을 하지 않는다. 시간을 버는 방법 중에 가장 효과적인 방법은 하지 말아야 할 일과 안 해도 되는 일을 하지 않는 것이다.

하지 말아야 할 일 중에 대표적인 것 중 하나가 저녁 늦은 시간까지 술을 마시는 것이다. 술을 마시는 것 자체로도 건강에 나쁜데, 문제는 다음 날 낮 시간에 좋지 않은 컨디션으로 일하게 만드는 것이다. 친목과 화합을 꼭 늦은 시간까지 해야 하는 것은 아니다. 저녁 약속은 가급적 늦은 시간까지 이뤄지지 않도록 한다.

안 해도 되는 일 중에 하나는 지나치게 과도한 시간을 소비해야 하는 취미를 갖지 않는 것이다. 취미 자체는 스트레스 해소에 좋기 때문에 분명히 있어야 한다. 하지만 하루 기준으로 3시간 이상 사용해야 하는 취미가 있다면 다시 한번 생각해 볼 필요가 있다. 생산적인 취미는 그나마 낫지만, 게임, TV·유튜브 시청 등의 경우는 돌이켜 생각해볼 필요가 있다.

나의 경우, 예전에 프로야구 시즌에 좋아하는 팀의 경기를 퇴근 시간 이후, 특별한 일이 없을 때 시청하며 한동안 응원한 경험이 있다. 그런데 어느 날 문득 이런 생각이 들었다. '내 소중한 여가 시간을 활용하여 프로야구 선수들이 출근하여 일하는 모습을 관찰하고 있는 것은 아닌가? 저 선수들은 내 존재도 모르고, 앞으로도 관심이 없을 텐데 내가 굳이 시간을 내서 프로야구 팀을 응원하는 것이 맞는가? 프로야구 시청이 내 인생에 중요한 의미를 부여하는가?'

스스로 이런 질문을 한 후에 미련 없이 프로야구 시청을 그만두었다. 아직 행동의 관성이 남아 있어서, 스포츠채널을 가끔씩 보기는 하지만 현재는 프로야구 기사나 소식을 들어도 무감각한 상태에 이르렀다. 물론 프로야구 시청과 응원을 통한 긍정적 기능이 있고, 개인의 선택이기 때문에 취미로 하는 분들에 대해 존중하는 마음을 가지고 있다.

모두에게 똑같이 24시간이 주어진다. 리더의 시간은 스스로 첨예하게 관리해야 한다. 구성원의 시간과 에너지에 영향을 줄 수 있기 때문이다. 리더는 되도록 시간 관리에 있어서 구성원에게 모범을 보일 수 있어야 한다. 굳이 구설수에 오를 일을 하면서 시간을 보내서는 안 된다. 리더의 시간 관리에는 책임감이 있어야 함을 명심해야 하겠다.

◆ 시간의 가치를 소중히 여기며, 효율적으로 관리하는가?

◆ 앞으로의 계획

64

공간을 소중하게 다룬다

"좋은 공간은 좋은 기운을 불러일으킨다."

우리가 살아가는 인생은 시간과 공간의 범위에서 경험하는 일들로 이루어진다. 그래서 사람들은 의미 있는 시간을 보내기 위해서 시간 계획을 잘 세우고, 이를 실천하려고 한다. 그리고 되도록 자신이 선호하는 좋은 공간에서 머무는 시간을 늘리려는 기회를 찾는다. 그렇기 때문에 자신이 살고 있는 집이라는 공간을 잘 꾸미려고 노력하며, 좋은 경험을 제공하는 장소가 있다면 시간과 비용을 지불해서라도 방문해서 사진이나 영상으로 기록한다.

리더의 경우, 리더 자신과 구성원이 근무하는 공간을 소중하게 생각하고 이를 더 좋은 공간으로 개선하기 위한 방안을 마련하고 실천해야 한다. 리더와 구성원이 근무하는 공간을 더 좋은 공간으로 만드는 방법은 무엇인가?

첫째, 잘 청소한다. 당연한 이야기지만, 꾸준하게 실천하기가 쉽지 않다. 업무로 바쁘더라도 출근 후와 퇴근 전에 자기 주변과 공용 공간을 쓸고, 닦고, 버리는 일을 실천한다. 리더가 먼저 솔선수범하여 실천하면, 구성원들에게도 긍정적인 영향을 줄 것이다. 청소가 제대로 되지 않으면, 아무리 잘 만들어진 공간도 금세 노후되기 쉽다.

둘째, 다른 공간에서 좋은 점을 찾아 벤치마킹한다. 공간을 잘 꾸미고 싶은데 막상 아이디어가 떠오르지 않는다면, 구성원들과 함께 좋은 공간으로 유명한 곳을 방문한다. 거기서 아이디어를 얻어서 닮은 공간을 만들려고 노력하다 보면, 방문한 곳과 똑같지 않아도 나름대로 특색 있는 공간을 만들 수 있을 것이다. 한두 공간만 방문해서는 안 되고, 평소에 좋은 공간에 자주 방문해서 사진이나 메모 등을 통해 기록을 남기는 습관을 가진다면 공간을 보는 안목을 확장시킬 수 있다.

셋째, 오랜 기간 동안 사용해도 질리지 않을 색감과 가구를 사용한다. 가구나 색감이 지나치게 화려하거나 유행을 따라서 선택한다면, 처음 보는 순간에는 멋지다고 생각할 수 있지만, 점차 근무하는 공간이 편안하게 느껴지지 않을 수 있다. 따라서 독특한 느낌보다는 눈과 마음에 안정을 줄 수 있는 가구와 색감을 선택하는 것이 좋다. 일반적으로 가구는 연한 베이지색이나 갈색을, 사무실 벽의 색깔은 하얀색과 연한 연두색을 선호하는 경향이 있다. 하얀색의 비중이 많아질 경우, 시간이 지날수록 하얀색이 바래지거나 오염될 경우를 염두에 둘 필요가 있다.

좋은 공간에서 좋은 기운을 불러일으킬 수 있다. 좋은 기운은 조직 내에서 긍정적인 분위기를 유도할 뿐만 아니라 긍정적인 분위기는 일의 성과를 만들어 내는 데 큰 도움이 될 것이다. 리더는 일 자체와 사

　　　　　올라운드 리더십

람들의 관계만큼이나 공간을 잘 관리하는 것에 신경을 쓰고 적절하게
지원해야 하겠다.

◆ 업무 공간을 쾌적하고, 소중하게 관리하고 있는가?

◆ 앞으로의 계획

65

운을 모으는 행동을 한다

"운에는 분명 통제 가능한 요소가 있다."

모든 사람들은 자신의 운(運)이 좋기를 바란다. 일을 잘 풀리는 사람은 자신의 운이 좋다고 생각하고, 안 좋은 일이 계속 생기는 사람은 자신의 운이 나쁘다고 생각한다.

그렇다면 운은 스스로 관리하기 어려운 분야인가? 이에 대한 각자의 깊이 있는 성찰이 필요하다. 예를 들어, 계획 없이 살면서 되는 대로 아무렇게나 행동하는 사람에게 좋은 운이 올 수 있을까? 나는 그렇지 않다고 생각한다. 결국 운은 평소에 준비된 사람에게 올 가능성이 매우 높다.

운을 모으는 행동을 해야 한다. 특히 리더는 리더의 운에 따라 리더뿐만 아니라 구성원들이 받게 되는 영향이 많다는 점을 고려한다면, 반드시 좋은 운을 가져오는 행동을 해야 한다. 그럼 리더가 운을 모으는 대표적인 행동에는 무엇이 있을까?

첫째, 겸손하고 긍정적인 언어를 사용한다. 구성원에게 경어를 사용하는 습관을 갖는다. 리더가 사용하는 말에서부터 구성원은 리더의 상호존중의 의지를 알 수 있다. 구성원에게 반말하는 리더에게 존경심을 느끼기는 현실적으로 어렵다. 또한, 긍정의 언어를 사용한다. 일이 잘 안 된다고 느낄 때마다 구성원 앞에서 부정적인 말이나 짜증을 낸다면, 조만간 더 안 좋은 일이 그 리더 앞에서 기다리고 있을 것이다.

둘째, 건전한 생활습관을 실천한다. 건강에 나쁜 행동은 가급적 하지 않는 것이 좋다. 술, 담배, 몸에 부담을 주는 음식 등을 멀리한다. 너무 늦게 잠에 들거나, 과식하지 않는다. 적정한 수준에서 운동을 하고 취미를 갖는다. 일 이외에는 가족들과 보내는 시간을 늘린다. 이미 좋은 사람 또는 좋은 사람이 되기 위해 노력하는 사람들과 지속적으로 만난다. 리더의 솔선수범하는 생활습관은 구성원들에게도 간접적인 영향을 주고, 리더를 닮을 기회가 될 것이다.

셋째, 미래를 준비한다. 먼저 미래의 목표를 구체화하여 계획한다. 자신이 하고 싶은 일이 무엇인지 머릿속에 그려 보거나, 글로 적어 본다. 목표의 실현 가능성에 대해 생각해 보고, 목표 달성에 얼마나 시간과 노력을 들여야 하는지 계산한다. 목표의 내용과 이를 달성하기 위한 계산이 끝났다면, 하루하루 성실하게 노력한다. 목표 달성을 위해 성급해지려는 마음을 다잡고, 하루 안에 많은 노력을 하는 것보다 꾸준하게 노력하는 것에 대한 가치를 둔다. 리더가 진심으로 미래를 준비하는 모습에서 구성원들도 리더의 목표에 함께하고 싶은 마음이 들 것이다.

사람들은 운에 대해서 '우연'이라는 생각을 하는 경우가 많다. 물론 살면서 우연한 운도 있을 수 있지만, 대체로 이는 순진한 생각으로 느껴진다. TV나 언론을 통해 어떤 시험에 합격한 사람을 보면서 또는 어떤 성공을 이룬 사람을 보면서, 제3자들은 '저 사람 운이 좋았네, 부럽다.'라고 생각하고 지나친다. 하지만 대부분의 운은 얼마나 간절하게 노력했는가, 운의 주변에서 얼마나 고민하고 행동했는가에서 발생한다고 믿는다.

리더로서 좋은 운을 끌어들여 리더 자신과 구성원들을 행복하게 해줄 수 있도록 평소에 꾸준하게 노력해야 하겠다.

◆ **체크리스트** ◆

◆ 겸손한 태도로 행운을 불러오는 긍정적인 행동을 하는가?

◆ 앞으로의 계획

66

늦은 시간까지 술을 마시지 않는다

“리더의 사건 · 사고는
술과 연관된 경우가 매우 많다.”

예전에는 TV 방송에 술을 마시는 장면이 거의 나오지 않았는데, 언젠가부터 방송인들이 지인들과 함께 즐겁게 술을 마시는 장면이 종종 방영되고 있다. 또는 술을 마시는 장면이 방송에 직접적으로 나오지 않더라도, 술을 얼마나 자주 마시는지 또는 술을 한번에 몇 병까지 마실 수 있는지에 대해서 자랑이나 무용담처럼 대화를 나누는 장면이 등장하기도 한다. 이런 방송은 대중이나 가까운 미래에 성인이 될 학생들에게 부정적인 영향을 줄 수밖에 없다고 생각한다.

음주가 건강에 해롭다는 사실을 알면서도 흡연과 비교하면 음주가 상대적으로 허용적인 측면이 있다. 아마 그 이유는 술자리가 갖는 분위기 때문이라고 생각한다.

술자리는 늘 근무하는 일터나 사무실이라는 공간보다는 긴장을 풀게 하고, 마음을 열게 해 준다. 그렇다 보니 평소 못했던 이야기도 나누게 되고, 서로에 대해 몰랐던 내용도 새롭게 알게 되어 더욱 심리적으로 가까워짐을 느끼게 된다. 다음 날 출근해서 만나면 그 전에 술자리에서 만나기 전 시점보다 친근하게 느껴지는 경험을 해 본 사람이 많을 것이다.

그런데 이런 술자리가 자주 있거나 너무 늦은 시간까지 있어서는 곤란하다. 술자리 횟수와 관계 증진이 정비례해서 증가하지 않는다. 또한, 예전과는 다르게 이제 사람들은 퇴근 시간 이후를 온전히 자신의 시간 또는 가족과의 시간으로 생각하는 경우가 일반적이다. 퇴근 시간 이후를 할애한다는 것은 그만큼 좋은 경험을 보장할 수 있어야 한다.

예를 들어, 가끔 갖는 퇴근 이후 술자리가 새로운 장소에서 새로운 경험을 할 수 있으면 좋다. 아니면, 요즘 트렌드에 맞게 유행하는 장소도 좋다. 그런 곳에 가서 가끔 술자리를 갖는 것은 구성원 입장에서 긍정적으로 생각할 가능성이 있다.

그리고 특별한 일이 없다면, 술자리가 저녁 9시를 넘기지 않도록 리더가 관리하는 것이 좋다고 생각한다. 다음 날 출근하지 않는 금요일 술자리라면 조금 더 늦게 마칠 수도 있겠지만, 가급적이면 저녁 9시 이전에 마치는 것이 좋다. 저녁 9시가 넘어가면, 서로 더 할 말도 별로 없다. 저녁 9시가 넘어갔음에도 서로 할 말이 남아 있다면, 근무시간 내 소통에 뭔가 문제가 없는지에 대해서 진지하게 고민해야 한다.

무엇보다 저녁 9시가 넘어가는 술자리가 되면, 리더나 구성원 모두 다음 날 일과시간에 집중해서 업무를 하는 것에 부정적인 영향을 줄 수밖에 없다. 따라서 늦은 시간까지 술자리를 갖는 것은 피해야 한다.

그리고 술자리에서 사건·사고가 많이 발생한다. 맨정신이었다면

                                                올라운드 리더십

벌어지지 않을 일들이 생길 가능성이 높다. 말실수뿐만 아니라 불필요한 행동들이 나타날 수 있다. 리더는 이러한 위험을 스스로 잘 관리해야 하며, 본인뿐만 아니라 구성원들도 이런 문제에 빠지지 않도록 잘 관리해 주어야 한다.

술을 함께하는 것 말고도 팀워크를 공고하게 할 수 있는 다양한 경험을 발견하는 창의적인 리더가 되어야 하겠다. 리더가 스스로 찾기 어렵다면, 구성원에게 기회를 주자. 창의적인 구성원들이 멋진 경험을 위한 아이디어를 리더를 대신하여 제시해 줄 것이다.

◆ 체크리스트 ◆

◆ 늦은 시간까지 구성원과 함께 술을 마시지 않는가?

- -

◆ 앞으로의 계획

- -

67

도덕적 흠결이 없도록 자신을 관리한다

"과거의 도덕적 흠결은
결국 언젠가는 다 밝혀지게 된다."

하루를 지내다 보면 리더와 구성원 모두에게 각자 다양한 일들이 일어난다. 직장에서 보내는 시간뿐만 아니라 혼자 있는 시간, 가족과 함께하는 시간, 친구나 지인과 보내는 시간에서도 이미 예상한 일이나 예상치 못한 일을 마주한다.

예상한 일에 대해서는 대부분 대처가 가능하다. 문제는 예상치 못한 일에 대한 대처이다. 대처는 그동안 그 사람이 평소에 어떻게 생각하고, 살아왔느냐에 따라 결정될 가능성이 높다.

우리는 예상치 못한 일이 발생했을 때, 이를 잘 대처하는 사람에게 순발력과 기지를 발휘했다고 말한다. 놀랄 정도의 수준을 보여 주면, '다시 보게 되었다' 또는 '훌륭하다'는 평가가 따라오게 된다.

잘 대처하지 못한 경우에는 당연히 부담이 따른다. 열심히 했으나, 결과가 미흡한 경우에는 다음 기회에 잘하면 된다는 격려와 위로가 따라온다. 그럴 경우, 스스로 실망을 많이 하게 되고, 앞으로 이를 어

 올라운드 리더십

떻게 잊고 극복하느냐도 중요한 요소로 작용한다.

특히 이러한 상황에서 리더가 하는 결정과 행동은 구성원을 비롯한 여러 사람에게 노출될 가능성이 높다. '예상하지 못한 상황에서 리더가 어떤 모습을 보여 주는가? 리더는 어떤 판단을 하는가? 그에 따른 결과는 어떠한가?' 등에 대한 관심이 높을 것이다.

이때 가장 유의해야 하는 것은 리더가 도덕적으로 문제없는 선택을 해야 한다는 것이다. 리더의 말과 행동이 도덕적으로 문제가 있으면, 당장 이득을 얻는 결과가 나타난다고 하더라도, 그 행동은 두고두고 리더의 발목을 잡을 가능성이 높다. 시대가 발전할수록 비밀 유지는 여러모로 어렵기 때문에, 리더는 자신의 말과 행동이 누가 볼 때 도덕적으로 문제가 없는지 반드시 사전 점검을 하고 실행에 옮겨야 한다.

나의 경우에는 상대방에게 어떤 말이나 행동할 때, 그 순간을 부모님과 가족들이 지켜보고 있다고 가정하고, 떳떳한 말과 행동을 하려고 노력하는 편이다. 그런 습관을 지속적으로 유지하다 보면, 그다음 단계에서는 특별히 의식하지 않아도 크게 무리가 없는 말과 행동을 하게 된다. 그럼 그 자리가 끝나고 나더라도, 결과를 떠나서 불편한 마음이 안 남는다.

어느 분야든지 리더는 대부분 경험이 많고, 현명한 사람이 그 지리에 오른다. 하지만 자리가 높아질수록, 주변에서 리더 자신에게 솔직한 피드백을 해 주는 사람들은 줄어든다. 예를 들어, 리더가 도덕적으로 문제가 되거나 이상한 말이나 행동을 하면, 구성원들이 리더에게 적절하지 않다는 반응이나 피드백을 즉시 보여 줘야 하는데, 구성원

들은 리더에게 굳이 자신이 싫은 소리를 하기 싫어서 그냥 넘어갈 때
가 많다.

　결국 리더는 도덕적 흠결이 없도록 스스로를 잘 관리해야 한다. 리
더도 사람이기 때문에 간혹 잘못인지 잘 모르고 또는 아주 예전부터
해 왔던 대로 실수할 수도 있다. 리더는 수시로 자신의 말과 행동을 점
검하는 습관을 가질 필요가 있다. 리더 스스로 말과 행동을 관리하면
할수록, 구성원들에게 더 리더다운 모습을 보일 수 있고, 이를 통해 신
뢰를 얻을 수 있을 것이다.

◆ 체크리스트 ◆

◆ 사생활이나 도덕성 면에서 결격 사유가 없도록 관리하는가?

◆ 앞으로의 계획

68

비밀이 없다는 사실을 명심한다

리더의 일거수일투족은 구성원들에게 직접적으로 영향을 줄 수 있다. 그래서 구성원들은 리더가 어떤 생각을 하고, 어떤 말과 행동을 하는지에 대해 주의를 기울여 관심을 갖는다.

그렇다면 구성원들은 어떤 리더를 좋은 리더라고 생각할까? 각자 여러 기준을 가지고 있겠지만, 결국 자신에게 잘해 주는 리더를 좋은 리더라고 생각할 것이다. 예를 들어, 전반적으로 평판이 좋은 리더라고 할지라도 나와 사이가 좋지 않거나, 나에게 잘해 주지 않으면 결국 좋은 리더가 아니다. 반대로 전반적으로 평판이 나쁜 리더라고 할지라고 나와 사이가 좋거나, 나에게 잘해 주면 좋은 리더라고 평가하게 된다. 이러한 평가가 잘못되었다고 할 수 있을까? 충분히 이렇게 평가할 수 있다고 생각한다. 따라서 리더는 전반적인 평판 관리도 잘해야 하겠지만, 구성원 각자에 대해서도 관심을 가지고 맞춤형 지원을 꾸준하게 할 필요가 있다.

하지만 리더와 상극인 구성원과 근무해야 하는 시기가 있을 수 있
다. 리더는 이 시기를 잘 넘어가야 한다. 리더가 자신의 지위를 활용
해 구성원을 리더 자신에게 무리하게 맞추게 하도록 강요하는 과정에
서, 돌이킬 수 없는 리더의 실수와 잘못이 나올 수 있기 때문이다. 그
로 인해 다치는 것은 결국 리더 자신이다.

요즘은 CCTV는 물론이고, 개인별로 휴대전화를 통해서 녹음, 동영
상 녹화가 아주 쉽게 가능하다. 리더는 민감한 사항이나 첨예하게 구
성원과 대립하는 상황에서 대화하는 경우, 기본적으로 구성원이 대화
를 녹음하고 있을 것이라고 인식하고 대화에 참여해야 한다. 그렇게
인식하고 대화에 참여해야 리더가 실수나 잘못을 하지 않는다.

아무리 구성원이 리더를 비논리적으로 자극하고 흥분시켜도 리더가
구성원의 의도대로 넘어가서는 안 된다. 구성원이 대화의 주도권을
가져오기 위해 리더의 이성과 감정을 흔들 수 있도록 미리 준비된 말
을 할 수 있다. 그럴수록 오히려 리더는 더욱 차분한 모습을 보이도록
노력해야 한다. 이 순간에는 리더가 여러 가지 말을 하기보다는 원칙
적인 말을 간략하게 반복하는 것이 좋다. 이런 의식적인 노력을 통해
서 상극인 구성원과 근무하는 것의 위기를 잘 넘어갈 필요가 있다. 그
리고 이런 구성원과 계속 불편하게 지내는 것보다는 구성원의 장점을
찾아서 이를 격려하고, 구성원이 원하는 것을 가능한 방향으로 구현할
수 있도록 리더로서 힘을 실어 주어 관계 개선을 하는 것이 중요하다.

리더 역할을 오랜 기간 하다 보면 리더가 처음 되었을 때의 초심을
잃고, 자신이 하는 말과 행동에 대한 점검과 성찰이 불가능할 수 있다.

  올라운드 리더십

조직 내에 눈치 볼 사람이 없다 보니, 구성원들에게 아무 말이나 행동을 하게 될 수 있다. 처음에 리더가 구성원에게 실수했을 때는 '어? 이거 괜찮나?'라고 생각할 것이다. 그런데 결과적으로 아무 일도 일어나지 않으면, 괜찮은 줄 알고 반복해서 잘못을 저지르게 된다. 그러다 어느 순간에 구성원의 신고로 리더의 잘못이 크게 드러나게 되어, 더 이상 리더 역할을 못 하게 되는 상황이 벌어질 것이다.

구성원들도 사람이기 때문에 리더의 한두 번의 실수는 눈감고 넘어가 줄 수 있다. 리더가 그때 개선하지 않으면, 구성원들은 리더가 실수한 것이 아니라 원래 저런 사람이라고 인식하고 리더가 더 이상 그 역할을 할 수 없도록 끌어내릴 것이다.

이처럼 리더와 구성원 사이에 비밀이 있을 수 없다. 또한, 리더와 구성원이 가족처럼 지낸다는 말도 알맞지 않다고 생각한다. 가족이 아닌데 가족처럼 지낼 수도 없거니와, 가족이 아닌데 가족처럼 지내는 것이 이상할 뿐이다.

리더는 세상에 비밀이 없다는 진리를 명심하고, 아예 비밀을 만들지 않고 떳떳하게 지낼 수 있도록 노력해야 한다. 자기 전에 하루 동안 있었던 일을 돌아보면서, 리더로서 실수하거나 잘못한 점을 찾았다면 빠른 시일 내 사과와 반성 등을 통해서 바로잡을 수 있어야 한다. 이 과정은 리더 자신을 지키기 위해서도 중요하지만, 구성원들의 행복을 위해서도 중요하다. 리더가 인식하지 못하고 있는 사이에, 구성원들이 리더의 말과 행동으로 인해 상처받는 일이 없도록 노력해야 할 것이다.

◆ 비밀이 없다는 사실을 명심하고, 투명하게 행동하는가?

◆ 앞으로의 계획

VI

리더의 성장과 브랜딩

69

새로운 경험을 추구한다

“새로운 경험이
새로운 호기심과 질문을 유발한다.”

리더는 과거에 성공 경험이 많았던 사람들이 주로 그 역할을 하게
된다. 그래서 과거 자신이 좋았던 경험에 대해서 아름답게 추억한다.
좋지 않았던 경험, 힘들었던 경험에 대해서도 가끔 '나 때는 말이야~'
로 시작하면서 그 경험을 현재의 구성원과 굳이 공유해서 오히려 그
들에게 반감을 얻기도 한다.

과거에서 벗어나기 위해서는 어떻게 해야 할까? 리더 스스로 새로
운 경험을 추구해야 한다. 리더는 거의 항상 바쁘다. 만나야 할 사람
도 많고, 보고도 받아야 하고, 조직을 위한 중요한 의사결정에 신중을
기해야 한다.

리더가 바쁘면 피곤하기 때문에 새로운 경험을 하기 위한 에너지를
아끼게 된다. '이미 경험할 만큼 했는데, 또 새로운 경험을 해야 하는
가?'라는 질문에 빠지게 된다.

그래도 리더는 힘을 내고, 정보를 얻어 새로운 경험을 해야 한다. 새

로운 경험을 통해서 구성원에게 그 경험을 공유해 주는 것이 옛날 경험을 이야기하는 것보다 훨씬 유익하다. 또한 리더 스스로를 위해서도 새로운 경험이 새로운 호기심과 질문을 가질 수 있게 할 것이다. 일하는 데에도 분명 실제적인 도움이 되고, 활력을 불러일으킬 가능성이 높다.

리더가 새로운 경험을 하다 보면, 구성원들에게도 소개해 주고 싶은 경험이 있을 것이다. 소개하는 수준을 넘어서 리더의 권한을 발휘하여, 구성원들과 새로운 경험을 공유하는 것도 좋은 리더십이 될 수 있다. 이러한 일이 반복되면, 리더의 평판이 좋아지는 것은 물론 조직에 좋은 기운을 불러일으킬 것이다. 조직의 목표 달성에도 효과적일 수 있다.

이처럼 리더가 새로운 경험을 추구하는 것은 리더 스스로를 위해서뿐만 아니라, 구성원에게도 좋은 영향을 줄 수 있다는 점을 기억해야 한다. 리더가 자신의 시간을 관리하는 과정에서 새로운 경험을 하는 일정이 반영될 수 있도록 의식적으로 노력해야 하겠다.

◆ **체크리스트** ◆

◆ 타성에 젖지 않기 위해 의도적으로 새로운 경험을 찾는가?

◆ 앞으로의 계획

70

공부하는 습관을 갖는다

❧

"학습하는 리더는
함께 일하는 구성원에게 자극을 준다."

리더가 되면 실무에서 멀어지기 때문에, '관리 능력'을 향상하는 데 중점을 두기가 쉽다. 물론 리더에게 있어서 조직 관리 능력은 매우 중요하다. 하지만 관리 능력 또한 지금까지 쌓아온 경험으로만 발휘하는 것이 아니라, 공부를 통해서 그 능력을 향상시켜야 한다.

내가 직장에서 겪은 '완성형 리더'들은 대체로 꾸준하게 공부하는 습관을 가지고 있으셨다. 더 이상 공부하지 않더라도, 구성원들에게 충분히 인정받고 있음에도 불구하고 공부를 꾸준히 하시는 모습을 자주 보았다. 리더십과 관련한 분야뿐만 아니라 필요한 경우, 세부적인 업무 분야에 대해서도 공부하시고 전문가가 강의하는 관련 연수를 수강하셨다.

리더는 왜 공부를 계속 해야 하는가? 대표적으로 다음 3가지 이유를 들 수 있다.

첫째, 공부를 통해서 조직의 미래 지향적인 비전을 제시할 수 있다. 지금 공부를 하지 않으면, 리더는 예전 지식과 경험에 의존할 수밖에 없다. 그런 상황에서는 미래보다는 과거 지향적인 아이디어밖에 제시할 수가 없다. 구성원들을 대상으로 '나 때는 말이야….'라는 말이 필요할 때가 간혹 있기는 하다. 하지만 그 빈도수가 많아질수록 구성원들은 리더의 말에 대해 리더의 의도와는 다르게 지루해할 수밖에 없다. 심한 경우, 신뢰를 잃을 수 있다. 따라서, 리더는 호기심과 질문을 가지고 현재 조직보다 더 나은 조직이 되도록 하기 위하여 오히려 구성원보다 더 적극적으로 공부하고 이를 구성원들과 공유할 필요가 있다.

둘째, 리더가 공부하는 모습이 구성원들에게 공부하고자 하는 긍정적인 영향을 줄 수 있다. 구성원들 중에 일부가 리더에 대해 갖는 선입견 중 하나는 리더가 되면 공부하지 않고, 구성원 관리만 하면 된다는 것이다. 리더가 이러한 선입견을 깨고, 열심히 공부하는 모습을 보인다면 구성원들이 자신의 업무 분야를 비롯하여 어떤 분야든지 공부해야 하겠다는 자극이 될 수 있다.

리더 중에는 가끔 일과 공부를 구분해서 생각하며, 서로 연관성이 낮다고 생각하는 사람이 있다. 좀 더 노골적으로 이야기하면, '일하기도 바쁜데 그사이에 무슨 여유가 있어서 공부하냐'고 말하는 리더가 있다. 구성원이 공부할 시간에 일을 더 열심히 하기를 바라는 것이다. 리더 각자의 인식에 대한 정도 차이를 존중할 필요가 있지만, 기본적으로 리더는 구성원이 공부하는 것에 대해서는 적극 지지해 주는 편이 좋다고 생각한다. 창의적인 아이디어와 실천은 공부에서 나올 수 있기 때문이다. 리더가 구성원에게 매일 일만 하기를 강조한다면, 대체 어디에서 구성원의 창의성이 나올 수 있을까?

셋째, 리더도 실무적인 내용을 공부해서 파악할 필요가 있다. 모든 구성원의 업무 내용을 업무 담당자인 구성원처럼 알고 있기는 어렵다. 그렇다고 해서 완전히 구성원에게 리더가 업무에 대한 지식을 모른 상태에서 일임하는 것도 바람직하지 않다. 여러 업무 중에서 새로운 사실, 중요한 사실, 최근 바뀐 사실에 대해서는 리더도 어느 정도 이해하고 있어야 한다. 그렇게 준비된 상태에서 구성원이 리더에게 관련 보고를 할 때, 관심을 가지고 업무 관련 특정 화제에 대해서 이야기하고 보고를 받는다면, 구성원이 리더를 바라보는 시각이 달라질 것이다. 구성원 또한 업무에 대해 잘 파악하고 임해야 하겠다는 약간의 긴장감도 생길 수 있다.

공부하는 리더는 조직뿐만 아니라 리더 자신의 인생 또한 풍요롭게 해 줄 것이다. 여러 일을 추진하는 과정을 통해 저절로 공부하는 경우도 많지만, 리더가 의도적으로 공부를 하려고 시도할 필요가 있다. 이러한 시도가 쌓여서 공부하는 습관이 생긴다. 공부하는 리더는 조직 문화를 더욱 건강하게 만들어 줄 것이며, 구성원들 개개인에게도 분명 긍정적인 영향을 발휘하게 할 것이다.

◆ 체크리스트 ◆

◆ 최신 트렌드와 전문 지식 습득을 위해 공부하고 있는가?

◆ 앞으로의 계획

71

독서를 즐긴다

"책에는 한 사람의 인생과 철학이 담겨 있다."

시대가 발전할수록 즐길 거리가 많아지고 있다. 전문가가 아니라도 누구나 사진이나 영상을 만들어서 불특정 다수와 공유할 수 있는 시대이다. 볼거리가 많아지면서, 상대적으로 독서의 기회는 줄어들고 있다.

사진과 영상을 보는 것이 반드시 나쁘다고 할 수는 없다. 어떤 때는 사진과 영상이 텍스트보다 이해를 쉽게 해 주는 측면이 있기 때문에 도움이 될 때가 많이 있다.

그럼에도 불구하고 독서가 필요한 이유가 무엇일까? 왜 리더들은 바쁜 시간을 내서 굳이 독서를 할까?

첫째, 해당 분야의 전문가를 책을 통해 깊이 있게 만날 수 있기 때문이다. 평소에 만나 볼 수 있는 기회가 없는 저자가 어떤 철학을 가지고 살고 있으며, 그동안 어떤 경험을 했는지 공유받을 수 있다. '내가 저자였다면 어떻게 했을까'라는 생각을 하면서, 책을 읽어 보는 것도 좋

은 방법이다. 독서하는 과정은 독자가 독서 속도를 조절하면서 주도
적으로 상상할 수 있는 기회가 있다는 큰 장점이 있다. 책 한 권을 읽
음으로써 한 명의 인생을 간접 경험할 수 있다. 배울 점을 기록하면서
보는 것도 좋은 방법이다. 나도 열심히 살아야겠다는 자극도 생길 수
있다.

둘째, 새로운 지식을 습득하고, 사고력을 향상시킬 수 있다. 세상에
수많은 지식이 있으며, 지금도 새로운 지식이 기하급수적으로 만들어
지고 있다. 한 개인이 이를 모두 습득하는 것은 불가능하고, 사실 그럴
필요가 없기도 하다. 하지만 새로운 지식과 전통적으로 중요하게 여
기는 지식을 독서를 통해 효과적으로 습득하는 것은 삶을 더욱 풍요
롭게 해 준다.

또한, 책을 많이 읽은 사람은 사고력이 향상된다. 동일한 사건이나
상황을 보고 그 사건이 일어나게 된 배경을 잘 이해하고, 앞으로 벌어
질 일들에 대한 예측이 책을 평소에 읽지 않은 사람들보다 정확할 가
능성이 높다.

셋째, 정서적으로 긍정적인 영향을 준다. 개인적으로 힘든 시기를
겪고 있는 과정에서 어려움을 극복했던 저자가 쓴 책을 읽게 되면, 위
로를 받고 나 또한 극복할 수 있다는 용기와 에너지를 받을 수 있다.
현명한 해결 방법을 찾을 수도 있다. 반대로 독서하지 않으면, 시야와
관점이 좁아지게 되어 긍정적 생각을 하기 어렵게 된다. 그리고 어려
움을 극복하기 위해 엉뚱한 해결 방법을 선택해서 더 어려운 상황에
처할 수 있다. 이렇듯 독서는 정서적으로도 긍정적인 영향을 준다.

                                          올라운드 리더십

이 외에도 독서의 장점은 수없이 많다. 그런데 발행된 모든 책을 읽을 수 없다. 따라서 어떤 책을 읽을 것인지 양서를 잘 선택해서 읽을 필요가 있다. 다른 사람들이 인정하는 베스트셀러를 읽는 것도 좋고, 자신의 멘토가 추천해 주는 책을 읽는 것도 좋은 방법이다. 꾸준히 볼 것 같은 소장 가치가 있는 책은 구매하는 것을 권장하며, 한 번 정도 읽을 것은 도서관에서 빌려 읽는 것을 추천한다.

리더들은 독서를 통해 지속적으로 학습하고 성장한다. 아무리 바빠도 하루에 최소 15분 또는 책 20쪽 정도 독서하는 습관을 가지기를 바란다.

◆ 체크리스트 ◆

◆ 깊이 있는 사고를 위해 다양한 분야의 독서를 하는가?

◆ 앞으로의 계획

72

격언 노트를 작성하고 수시로 읽는다

❧

"격언 노트 작성을 통해
리더로서 마음을 다스린다."

모든 사람들은 자신의 마음을 다스려야 할 순간을 자주 마주하게 된다. 그런데 자신의 마음을 다스리는 방법을 아직 개발하지 못했다면, 어떤 일이 일어날까? 아마 자신의 마음을 남에게 거칠게 표현하거나, 아니면 그러지 못하고 속으로 삭이느라 나중에 병이 올 수도 있다. 이것이 우리가 스스로 마음을 다스리는 방법을 개발해야 하는 이유이다.

그 방법에는 여러 가지가 있을 것이다. 종교 생활을 하는 방법, 가족과 행복한 시간을 보내는 방법, 사고 싶은 물건을 사는 방법, 취미 활동을 즐기는 방법, 운동을 하는 방법, 맛있는 음식을 먹는 방법, 잠을 자는 방법 등이 우리가 일반적으로 알고 있는 대표적인 마음을 다스리는 방법이다.

여기에 한 가지를 추가하고 싶다. 바로 격언 노트를 작성하고, 수시로 읽는 방법이다. 모든 사람들에게 유용한 방법이지만, 특히 리더에게 더욱 추천하고 싶다.

  올라운드 리더십

나의 경우, 격언 노트에 들어가는 내용은 다음과 같다. 책을 읽으면서 앞으로도 꼭 기억하고 일상생활에 반영하고 싶은 내용을 노트에 메모하는 것이다. 자신이 선택한 문장을 능동적으로 작성하는 행위 자체가 문장에 대한 기억을 더욱 높여 주는 효과가 있다. 그래도 며칠이나 몇 달이 지나면 해당 문장 내용을 잊어버릴 수밖에 없다. 그래서 격언 노트를 수시로 읽어 보거나, 마음을 다스려야 하는 순간에 꺼내서 읽으면 마음이 차분하게 가라앉고, 스트레스가 해소되는 기분이다.

처음에 격언 노트를 작성할 때는 '마음을 다스리는 것에 큰 도움이 될까'라는 생각이 들 것이다. '안 그래도 바쁜데 괜한 일을 더하는 것은 아닐까'라는 우려가 되고, '하다가 말면 효과가 없으니 처음부터 하지 말자'는 유혹도 있을 수 있다.

조급한 마음을 뒤로하고, 격언을 꾸준히 작성하다 보면 어느새 한번에 다 읽기 힘들 만큼 많은 격언이 작성된 노트를 만나게 된다. 여러 격언을 보다 보면, 그 순간 자신의 마음을 달래 주는 문장이 눈에 띌 것이다. 충분하게 문장을 음미하며, 자신의 생각을 가다듬을 수 있다.

격언 노트를 작성하는 것이 자신의 취향과 맞지 않다면, 시중에 판매되고 있는 하루에 한 문장씩 Q&A를 답변하는 노트를 작성해 보는 것도 추천한다. 오늘의 생각이나 경험을 작성하는 즐거움이 있고, 오랜 기간 작성하게 되면, 과거의 나와 만나는 행복도 누릴 수 있다.

리더 역할을 하면서 멋진 일도 경험하게 되지만, 이와 동시에 리더로서 감당하기 어려운 큰 위기나 스트레스를 맞이하는 것도 현실이다. 격언 노트를 작성하는 습관을 갖는다면, 이 위기와 스트레스를 자연스럽게 극복하는 데 분명히 도움을 줄 것이다.

◆ 나를 깨우는 격언 노트를 작성하고, 수시로 되새기는가?

◆ 앞으로의 계획

73

사회 전반의 변화에 관심을 갖는다

“아무리 바빠도 세상 돌아가는 일에
어느 정도 관심을 갖자.”

과거의 성과를 인정받은 구성원이 주로 리더가 된다. 그러한 과정을 겪은 리더는 자신의 경험을 매우 소중하게 여긴다. 너무 소중하게 여기다 보니 절대적으로 믿는 경향도 생긴다. 시대의 변화와 관계없이 통용되는 경험과 가치가 있겠지만, 리더 자신의 과거 경험에만 의존하게 되면 바람직한 리더 역할 수행을 기대하기가 어렵다.

리더가 바쁘겠지만, 다양한 분야에 대한 학습을 지속해야 한다. 또한, 다양한 분야에서 일하는 사람들도 만나고, 그들의 생각과 의견을 들어 보는 것이 좋다. 이러한 학습과 소통이 리더의 업무에 직접적인 영향을 주지 않을 수 있지만, 간접적으로 사고의 폭을 넓히는 데 큰 도움이 될 수 있다.

구성원의 입장에서 과거 시점에 멈춰 있는 리더에게 배울 것이 없다. 리더도 구성원에게 새롭게 할 말이 없기 때문에, 요즘 이슈가 되는 주제에 대해서 이야기가 나오면 리더는 화제를 전환하여 ‘나 때는 말이야~'밖에 할 말이 없다. 리더와 구성원의 이러한 대화가 반복되다 보면, 구성원은 리더와의 대화를 회피하고 싶게 된다.

반대로 리더가 요즘 사회적으로 이슈가 되고 있는 내용에 대해서 언급하게 되면, 구성원들도 귀 기울여 관심을 가지고 이야기에 참여할 것이다. 때로는 해당 이슈에 대한 자신의 의견을 펼칠 수도 있다. 리더가 해당 이슈에 대해서 완벽하게 파악하고 있지 않아도 된다. 다만, 구성원들과 모여 있을 때 해당 이슈에 대해서 함께 이야기할 수 있도록 분위기를 만들 수 있으면 충분하다. 오히려 리더가 그 내용에 대해서 덜 알고 있으면, 구성원들로부터 말하는 시간보다 듣는 시간을 더 확보할 수 있어서 오히려 좋을 수 있다.

리더가 사회 전반에 대한 이해와 보편적인 사고방식을 갖는 것은 궁극적으로 리더가 창의적인 일을 이끌어 낼 수 있도록 도움을 줄 수 있다. 이러한 리더는 사람들이 필요로 하는 일이 무엇인지에 대한 이해를 높일 수 있고, 기존의 일들을 연결해서 새로운 창의적인 일을 만들 가능성이 높다.

그리고 리더는 일정 기간 안에 새로운 사람을 만나려는 노력이 필요하다. 늘 만나던 사람들은 편하고 반갑기는 하지만, 늘 하던 얘기에서 크게 벗어난 이야기를 하기가 어렵다. 하지만 새로운 사람들을 만나면, 전혀 예상하지 못한 대화를 나누거나, 새로운 관점에 대해서 접근할 수 있다. 이와 유사한 맥락에서 리더 자신이 선호해서 늘 보던 분야의 책과 영상에서 벗어나 의도적으로 새로운 분야의 책과 영상을 접할 필요가 있다.

    올라운드 리더십

자신의 일을 하기에도 바쁜 리더지만, 사회 전반에 대한 이해와 주변 지식 습득하는 것에도 꾸준히 관심을 가지기를 바란다. 이런 노력이 지속된다면, 자신 스스로 그리고 구성원들로부터 인정받는 리더가 될 것이다.

◆· 체크리스트 ·◆

◆ 사회 전반의 변화가 조직에 미칠 영향을 생각하는가?

◆ 앞으로의 계획

74

창의적인 일을 시도한다

"가만히 멈춰 있는 리더는
실제로 조직을 뒤로 처지게 만든다."

세상은 어떤 논리로 진화하는 것일까? 늘 하던 일만 해서는 진화할 수 없다. 새로운 창의적인 시도를 하는 개인과 조직이 있기 때문에 진화가 가능하다. 이런 사실을 대부분의 사람들이 알고 있지만, 창의적인 일을 시도하는 사람은 생각보다 적다. 그 이유는 무엇일까?

첫째, 피곤하다. 눈앞에 있는 일을 해결하기도 바쁘고 벅찬데, 창의적인 일까지 할 여력이 없다. 창의적인 생각이 난다고 하더라도 이것을 창의적인 일이 되기까지 연결하기가 쉽지 않다. 창의적인 생각은 머릿속에 잠시 머물다가 지나가게 된다.

둘째, 눈에 띄고 싶지 않다. 창의적인 생각이 담긴 의견을 내면, 결국에는 내 일이 된다. 조직 내에서 굳이 새로운 일을 만들고 싶지 않다.

셋째, 확신이 없다. 창의적인 일이 어느 정도의 긍정적 효과를 가져올지 예측하지 못한다. 혹은 창의적인 일이 잘되지 않으면, 자신의 평판에 나쁜 영향을 줄 수 있다고 생각한다. 그래서 '결국 원래 하던 일이나 잘하자'라는 입장으로 귀결된다.

이런 식으로 창의적인 일을 시도하지 않아도 되는 이유를 찾으려면, 100가지도 더 찾을 수 있다. 그럼에도 불구하고 우리는 창의적인 일을 시도해야 한다. 특히, 자신이 리더라면 더욱 창의적인 일을 시도해야 한다.

창의적인 일을 시도하는 습관은 개인과 조직에 분명 활력소가 되고, 긍정적인 변화를 가져올 수 있다. 또한, 창의적인 일을 아무렇게나 할 수가 없기 때문에 새로운 지식과 트렌드에 대한 이해를 위해 학습해야 한다.

창의적인 일을 하나도 하지 않는다고 해도 그 자리에 계속 머물러 있는 것처럼 보일 수 있다. 하지만 그렇지 않다. 하루가 지날수록 조금씩 뒤로 가게 되고, 어느 순간 저 멀리 뒤처져 있는 자신과 조직을 만나게 될 것이다.

어느 날, 리더에게 누군가 '당신이 속한 조직을 위해서 그동안 어떤 창의적인 일을 했는가? 대표적인 것이 무엇인가?'라고 물었을 때, 아무런 할 이야기가 없다면, 그것은 리더로서 제대로 역할을 수행하지 못했다는 말과 같다. 자신 있게 창의적인 일에 대해서 말할 수 있는 리더가 되길 바란다. 나와 함께 근무했던 리더들을 떠올리면, 의도하지 않아도 그분들이 하셨던 창의적인 일들 먼저 떠오르면서 그분들과 닮고 싶은 마음, 존경하는 마음이 생기게 된다.

다만 창의적인 일을 할 때 리더 혼자 하는 일이 아니라 여러 구성원들과 함께해야 하는 일이라면, 리더는 구성원들이 창의적인 일을 할 준비와 여건이 되도록 지원해 주고 시작해야 한다. 그렇지 않을 경우, 창의적인 일을 마무리 짓기도 어렵고, 구성원들에게 리더에 대한 반발만 가져올 수 있기 때문이다.

창의적인 일은 특별한 리더만 하는 것이 아니다. 그리고 창의적인 일이 꼭 거창해야만 하는 것도 아니다. 개인과 조직을 위해 작은 일이라도 새롭게 시도하거나, 개선해 보려는 많은 리더가 나타난다면 세상은 더 살기 좋아질 것이다.

◆ 체크리스트 ◆

◆ 리더로서 구성원의 창의적인 시도를 장려하는가?

◆ 앞으로의 계획

75

퇴근 이후 시간과 주말을 잘 활용한다

처음 직장에 입사했을 때는 먼 훗날 퇴사할 때까지 입사 동기들과 대체적으로 비슷한 모습으로 근무할 것이라고 막연하게 생각한다. 그런데 10년, 20년이 지나면 직장 내 위치에서 동기들과 점점 걷잡을 수 없이 차이가 나는 경우를 경험하게 될 것이다. 이런 차이가 발생하는 원인은 무엇일까?

여러 가지 원인이 있을 수 있다. 직장에서 하는 일에 대한 타고난 적성이 맞아서 일을 잘해서 지위가 올라갈 수도 있고, 자신의 상사인 리더를 잘 만나 업무 호흡을 잘 맞춰서 예상했던 것보다 높이 자신의 지위가 올라갈 수도 있다. 이 밖에도 여러 요인이 작용하여, 직장 내 위치가 달라질 수 있다.

그런데 사실 타고난 능력과 훌륭한 리더를 만나는 것은 통제 불가능한 요인이다. 쉽게 말해서 어쩔 수 없는 일이라는 말이다. 그럼 그냥 될 대로 되라는 마음으로 살면 되는 것인가?

직장이나 삶의 측면에서 성공을 인정받는 사람들의 특징을 살펴볼 필요가 있다. 그런 사람들은 근무 시간에도 창의적이고 성실하게 일하지만, 퇴근 시간 이후와 주말에도 자신의 시간을 소중하게 사용할 줄 안다.

예를 들면, 직무 분야에 대한 전문성을 확장하기 위해서 야간 대학원을 다니는 경우, 업무와 관련한 사람들과 함께 온·오프라인 스터디를 참여하는 경우도 있다. 직무와 직접적인 관련이 없더라도 독서, 운동, 악기 등 자신의 취미 분야를 충분하게 즐기는 것은 물론 더 나아가 꾸준하게 발전시킨다.

퇴근 시간 이후와 주말까지 업무능력을 향상시키고, 자기계발에 힘써야 하는 것은 지나치게 무리라는 의견도 있을 수 있다. 그렇게 생각할 수 있다. 하지만 냉정하게 말해서 이렇게 생활해야 리더의 위치에 오를 가능성이 높은 것이 사실이다. 워라밸을 추구하고, 업무능력 향상 및 자기계발에는 관심이 없는 구성원이 나중에 리더의 위치에 오르는 것이 이상하지 않은가?

현재의 리더 또는 앞으로 리더가 될 사람들은 구성원에게는 관대하더라도 자신에게는 냉철한 측면이 있어야 한다. 하루도 빠짐없이 이런 생활은 할 수 없고 물론 휴식도 반드시 필요하지만, 리더라면 기본적으로 자신에게 주어진 시간 활용을 효과적이고 효율적으로 하려는 자세가 있어야 한다.

노력 없이 얻은 성취는 보통 그 가치가 낮다. 엄밀하게 말해서 성취라고 할 수 없다. 반대로 꾸준하게, 치열하게, 집중력을 발휘해서 얻은

성취는 스스로는 물론 누가 봐도 진정한 가치가 있을 가능성이 높다
는 점을 상기하면서, 퇴근 시간 이후와 주말을 잘 활용해야 하겠다.

· 체크리스트 ·

◆ 퇴근 후와 주말 시간을 효과적으로 활용하는가?

◆ 앞으로의 계획

76

리더다운 품격을 갖춘다

"리더의 품격은
저절로 생기는 것이 아니라 노력이 필요하다."

구성원들은 함께 있으면 기분 좋고, 배울 점이 많은 리더와 함께 근무하고 싶어 한다. 그렇지 못한 리더와는 함께 근무하고 싶지 않다. 구성원들이 리더다운 리더와 함께 근무하고 싶어 하는 마음은 당연하다.

그렇기 때문에 리더는 리더다운 품격을 갖춰야 한다. 대부분의 리더는 이미 좋은 품격을 갖췄거나 곧 갖출 것이라고 기대하고, 리더의 역할을 하게 된다. 그러나 대부분의 조직들이 주로 구성원 시절의 성과를 통해서 리더의 자리를 부여하기 때문에, 구성원의 역할은 훌륭하게 했었으나, 리더의 역할에 대한 준비가 미흡한 상태에서 리더를 시작하는 경우도 종종 있다.

리더의 품격은 무엇일까? 조직과 구성원은 어떤 리더의 모습을 기대하는가? 사람마다 생각하는 리더의 품격에 대한 정의는 다를 것이다. 내가 생각하는 몇 가지 리더의 품격을 제시해 본다.

첫째, 정제된 언어를 사용한다. 어떤 사람과 대화를 나누어 보면, 내

올라운드 리더십

가 대화를 나누는 상대방이 리더인지 구성원인지, 또는 어느 정도 위치에 있는 사람인지 느낌이 온다. 물론 구성원 중에서도 리더 수준의 생각과 말투를 가진 사람이 있을 수는 있다.

리더는 신중하고 조심스러운 말을 사용한다. 그리고 리더는 상대방에게 불필요하거나, 관심 없는 이야기를 쏟아 내지 않는다. 상대방에 대해 평가하거나, 그 자리에 없는 사람에 대한 이야기를 굳이 하지 않는다. 줄임말과 비속어를 사용하지 않는다. 이런 몇 가지 사항만 준수해도 리더다운 언어를 사용하고 있다고 인정받을 수 있다.

둘째, 흥분하거나 화내지 않는다. 일을 하다 보면, 일을 잘 안 풀려서 답답하거나 열받을 때가 있다. 그럼에도 리더는 쉽게 흥분하거나 화내서는 안 된다. 그런 리더는 구성원들이 볼 때, 리더의 품격이 없어 보인다. 구성원의 입장에서는 일이 안 풀릴 때, 리더가 흥분하거나 화를 내는 것은 나도 할 수 있다고 인식한다. 조직이 위기 상황일 때, 리더가 침착하게 구성원들에게 해결 또는 수습 방안을 제시하면, '역시 괜히 리더가 아니다'라는 평가를 받을 것이다.

셋째, 긍정적인 말과 행동을 한다. 구성원들의 기운을 빠지게 하는 말과 행동을 하지 않는다. 리더가 부정적인 말과 행동을 하면, 구성원들 또한 부정적인 말과 행동을 한다. 구성원은 함께 일하는 리더의 모습에 영향을 받고, 서로 닮아 간다. 조직이 좋은 상황일 때는 리더는 구성원을 격려하고, 밝고 에너지 있는 모습을 보여 주기 쉽다. 반대로 조직이 어려운 상황에 처해 있을 때에도 리더는 구성원을 단합시킬 수 있는 긍정적인 말과 행동을 보여야 한다. 그 순간에 구성원들은 리더를 이해하지 못하더라도, 시간이 지나거나 어려운 상황을 해결한 다음에는 그 당시 리더의 모습에 대해서 리더다웠다는 평가를 할 것이다.

리더로서 갖춰야 할 기본적인 품격 3가지에 대해서 언급했다. 리더로서 품격을 갖춘다는 것이 특별히 복잡하고, 어려운 것이 아니다. 위의 3가지 이외에도 몇 가지를 간단하게 더 제시하면, 다음과 같다. 구성원을 인신공격하거나 함부로 대하지 않는다. 리더로서 공정하고, 일관성 있는 모습을 보여 준다. 상식적이지 않은 취미를 리더로서 갖거나, 이를 구성원에게 권장하지 않는 것 등이 있을 것이다.

리더가 될 예정이거나 이미 리더가 되었다면, 리더다운 리더가 되도록 노력해야 한다. 리더가 되었는데도 리더의 품격이 아니라 아직도 구성원의 품격을 갖추고 있다면, 구성원들은 리더를 대하기가 어색할 것이고, 누구보다 리더 스스로 자신의 모습이 어색하게 느껴질 것이다.

리더의 품격 갖추기를 의식적으로 계속 연습하다 보면, 곧 자연스럽게 리더다운 내 모습을 갖추게 될 것이다.

◆· 체크리스트 ·◆

◆ 리더다운 기품과 태도를 유지하려고 노력하는가?

- -

◆ 앞으로의 계획

- -

　　　　　　　　　　　　올라운드 리더십

77

리더만의 브랜드를 만든다

"리더로서 존재감은 브랜딩에서 출발한다."

세상에 똑같은 사람은 단 한 명도 없다. 일란성 쌍둥이 형제도 자세히 보면 분명 다른 점이 있다. 외모가 아무리 비슷해도 생각과 경험까지 같을 수는 없다.

리더의 리더십도 다양한 유형이 있다. 학계에서 다루는 대표적인 리더십의 유형으로는 변혁적 리더십, 거래적 리더십, 서번트 리더십, 카리스마 리더십, 민주형 리더십, 상황적 리더십 등을 예로 들 수 있다. 이러한 대표적인 리더십 이외에도 조직에서 일을 하면서 만나는 리더들을 통해서 정의하기 어려운 다양한 리더십을 경험할 수 있다.

리더라면 자신이 어떤 리더십을 발휘하는지 브랜딩할 수 있어야 한다. 구성원들이 리더를 볼 때, 또는 주변에 동료 리더들이 볼 때, '저 리더는 의사결정이 명쾌한 리더지.', '저 리더는 일을 추진할 때 스피드가 최고지.'라는 식으로 리더십의 특성이 드러나면, 자신의 리더십을 브랜딩하기 좋은 여건이라고 할 수 있다. 단, 자신의 리더십의 강점이 드러나야지, 단점이 강조되어서는 안 된다.

어떤 구성원들은 리더라면 모든 방면에서 강점이 있기를 바란다. 하지만, 리더 또한 사람이기 때문에 모든 면에서 강점을 가지기란 현실적으로 불가능하다. 따라서, 리더는 약점을 포기하고, 자신의 강점이 부각될 수 있도록 브랜딩을 할 필요가 있다. 강점을 강화하면, 약점이 드러나지 않을 가능성이 높다. 하지만, 약점이 너무나 명확하면, 반대로 자신만의 강점이 묻힐 수 있다. 따라서, 심각한 약점으로 인식되는 부분은 리더 혼자의 힘으로 개선이 안 되면, 선배 리더나 전문가로부터 컨설팅을 받는 과정이 필요하다.

어떤 리더는 무색무취한 것이 자신의 강점이라고 말하는 경우가 있다. 그런 리더와 함께 근무한 구성원들은 리더나 구성원이 떠나게 되면, 금세 무색무취한 리더를 잊게 된다. 또한, 리더가 추진해 왔던 일에 대한 성과의 지분에 리더가 차지하는 부분이 실제보다 적다고 구성원들이 인식하게 된다. 리더는 운동 경기의 심판이 아니다. 리더로서 존재감이 있어야 한다.

리더가 자신만의 브랜드가 있어야 자신을 필요로 하는 조직이나 팀이 계속 있을 것이다. 아무 존재감 없는 리더를 찾는 조직과 팀은 없다. 리더로서 스스로를 브랜딩하는 것은 리더 역할을 지속하게 할 수 있고, 일의 성과를 낼 수 있는 좋은 방법 중의 하나이다.

사실 이미 활동하고 있는 리더라면 자신이 먼저 브랜딩을 하지 않아도, 구성원들 사이에 이미 평판이 돌고 있고, 어떤 유형의 리더라는 것이 정의되고 있을 가능성이 높다. 굳이 구성원들이 리더에게 자신과 함께 일하고 있는 리더의 평판을 말하지 않을 뿐이다. 용기 있는 리더라면, 신뢰할 수 있는 구성원에게 자신의 평판이 어떤지 물어서 자신의 리더십 유형을 파악하는 것도 좋은 방법이다. 이런 방법이 어렵다면, 구성원을 대상으로 익명의 설문조사 등을 통해서 자신의 리더십을 구체적으로 파악할 수 있다. 리더의 진심과 다르게 구성원들이 리더에 대해 일부 부정적인 의견을 가지고 있어도, 이를 있는 그대로 수용할 수 있어야 한다.

이러한 여러 과정을 통해서 자신이 리더로서 어떤 리더십을 가지고 있는지 먼저 파악하고, 자신이 궁극적으로 되고 싶은 리더는 어떤 유형의 리더인지 구체화해야 한다. 이를 구체화하는 과정이 리더로서 자신만의 브랜드를 만드는 과정이라고 볼 수 있다. 자신만의 브랜드를 만들기 위해 리더는 공부해야 하고, 다양한 경험을 해야 하며, 선배 리더들로부터 멘토링을 받아야 한다.

부디 자신만의 색깔이 있는 리더가 될 수 있도록 노력하기를 바란다.

◆ **체크리스트** ◆

◆ 나만의 강점과 가치관을 담은 '리더십 브랜드'를 구축했는가?

◆ 앞으로의 계획

리더십 발휘의 기회는
즐겁고 설레는 '축제'가 되어야 한다

어떤 조직이든 리더의 자리에 앉기까지 대부분 험난한 과정이 있을 것이다. 그런데 리더의 자리에 앉았다고 해서 조직 내 모든 일들이 알아서 진행되는 것이 아니다. 구성원 시절에 했던 실무는 줄어들지만, 조직 전체의 일에 대해서 큰 책임감을 가지고, 의사결정을 해야 하는 순간이 많아진다. 따라서, 리더 역할을 제대로 하면서 그 자리를 유지하거나 다음 스텝을 향해 나아가는 것은 더욱 어려운 일이다.

리더의 대부분은 구성원 시절의 과거 성과를 인정받아 리더의 위치에 오르게 되었을 것이다. 그렇다 보니 리더가 된 이후에도 자신이 구성원 시절에 일했던 방식으로 일하는 리더를 가끔 만나게 된다. 리더가 구성원의 방식으로 일하는 것은 긍정적 요소보다는 부정적 요소가 더 많다는 점에 유의할 필요가 있다.

리더는 리더의 일을 해야 한다. 그런데 사실 처음 리더가 되고 그 역할에 적응하기까지, 어떻게 리더의 일을 해야 하는지 당황스럽고 막막할 것이다. 또한, 리더가 되기 직전과 직후에는 리더의 업무 파악에

올라운드 리더십

집중해야 하기 때문에 전반적인 리더십에 대해 별도로 공부할 시간을 마련하기 어려운 측면도 있다. 그 상태로 적응되면, 리더십에 대한 학습과 이해 없이 장기간 리더 역할을 수행하게 된다.

이 책이 그런 리더들에게 빠른 시일 내에 안정적으로 리더 역할에 적응할 수 있도록 도움이 되었으면 하는 바람이다. 다양한 조직에서 앞으로 리더를 꿈꾸고 있는 구성원들 또한 이 책을 통해서 리더의 역할에 대한 이해가 높아지기를 기대한다.

최근 많은 구성원들이 리더가 되는 것에 대해 부담과 두려움을 느낀다고 한다. 이에 대해 리더 공포증을 의미하는 '리더 포비아(Leader Phobia)' 현상이라고 일컫는다. 모든 구성원이 리더가 될 수는 없겠지만 미래의 리더가 되기를 희망하면서 일을 추진하는 구성원이 많아져야 구성원의 역량 개발, 선의의 경쟁 등을 통해 그 조직뿐만 아니라 사회가 더욱 발전할 수 있는 가능성이 높아진다. 반대로 리더를 지원하는 구성원의 숫자가 줄어들면, 구성원 개인의 차원에서도 역량을 개발해야 할 필요성을 인식하지 못하며, 이에 따라 조직의 발전은 기대하기 어렵다. 각 조직은 리더 자리에 지원하는 구성원의 비율을 더욱 높일 수 있는 인센티브 방안에 대해서 고민해야 한다.

이 책을 통해서 제시한 리더의 품격을 만드는 77가지 체크리스트는 사실 하나씩 살펴보면 어려운 내용이 아니다. 대부분 당연한 내용이기 때문에 머리로는 쉽게 이해할 수 있다. 하지만 이를 직접 실천하는 것은 리더의 많은 시간, 에너지, 집중력, 의지 등을 필요로 한다. 더구나 리더마다 장단점이 있는데, 77가지를 모두 실천하는 것은 실제로 한계가 있을 것이다.

그럼에도 불구하고 이 책에서 제시한 6개 영역뿐만 아니라 다양한 방면에서 우수한 능력과 실행력을 갖춘 올라운드 리더십(All-round Leadership)을 발휘하는 리더가 우리 사회에 많아졌으면 하는 바람이다.

리더십 발휘의 기회는 과제가 아닌 축제가 되어야 한다. 올라운드 리더십의 습득과 실천은 리더 자신뿐만 아니라 구성원이 즐겁고 행복하게 성과를 내며 일을 하도록 기여할 것이다. 또한, 구성원은 훌륭한 리더와 함께 일하는 과정을 통해 성장은 물론 자신이 미래의 리더가 되는 진로 계획을 세우는 등의 긍정적 영향을 줄 수 있다.

세상의 많은 리더 그리고 리더가 되기 위해 최선의 노력을 다하고 있는 예비 리더인 구성원들을 함께 응원하며, 이번 글을 마친다.

참고문헌

Ⅰ. 리더의 성품

《1만 명 리더의 고민》, 아사이 고이치, 더난출판사, 2021.

《리더의 본질》, 홍의숙, 다산북스, 2024.

《리더의 언어력》, 서정현, 파지트, 2025.

《리더의 태도》, 문성후, 카시오페아, 2023.

《수평적 권력》, 데버라 그룬펠드, 센시오, 2023.

《왜 모두가 그 상사와 일하고 싶어하는가》, 홍석환, 클라우드나인, 2023.

《유연함의 힘》, 수잔 애쉬포드, 상상스퀘어, 2023.

《존 맥스웰 리더십 불변의 법칙》, 존 맥스웰, 비즈니스북스, 2023.

Ⅱ. 리더의 업무능력과 실행력

《3분 고전》, 박재희, 김영사, 2023.

《거인의 리더십》, 신수정, 앳워크, 2023.

《더 시스템》, 스콧 애덤스, 베리북, 2024.

《리더라면 한번은 만나게 될 이슈들》, 예지은, 삼성글로벌리서치, 2023.

《마음 지구력》, 윤홍균, 21세기북스, 2024.

《마주하는 용기》, 김용모, 파지트, 2023.

《모두의 팀장》, 김문경 외, 파지트, 2022.

《목표를 달성하는 사람, 못 하는 사람》, 시마즈 요시노리, 스타리치북스, 2016.

《실행이 답이다》, 이민규, 더난출판사, 2019.

《위임의 기술》, 김진영, 좋은습관연구소, 2024.

《일 잘하는 사람은 단순하게 합니다》, 박소연, 더퀘스트, 2024.

《정답 없는 세상에서 리더로 살아가기》, 임창현, 파지트, 2024.

《처음 리더가 된 당신에게》, 박태현, 중앙북스, 2020.

《팀장 스쿨》, 박소연, 더스퀘어, 2024.

《팀장의 본질》, 장윤혁, 빅피시, 2022.

Ⅲ. 리더의 의사소통과 구성원 지원

《두려움 없는 조직》, 에이미 에드먼슨, 다산북스, 2019.

《리더십은 재능이 아니라 스킬이다》, 고노 에이타로, 페이지팩토리, 2015.

《리더의 시, 리더의 격》, 고두현·황태인, 한국경제신문사, 2022.

《리더의 옥편》, 김성곤, 김영사, 2018.

《사람을 얻는 지혜》, 발타사르 그라시안, 현대지성, 2022.

《아직 꼰대는 되고 싶지 않습니다》, 김성남, 갈매나무, 2020.

《원팀을 만드는 원온원》, 남관희·윤수환, 교보문고, 2025.

《유능한 상사, 무능한 상사》, 무로이 도시오, 스타리치북스, 2016.

《좋은 리더를 넘어 위대한 리더로》, 짐 콜린스 외, 흐름출판, 2024.

《지금부터 리더》, 지정훈 외, 플랜비디자인, 2024.

《팀장은 처음이라》, 남관희·윤수환, 교보문고, 2025.

《팀장의 끗》, 고태현 외, 파지트, 2023.

Ⅳ. 리더의 관계성 확장

《권력을 경영하는 7가지 원칙》, 제프리 페퍼, 비즈니스북스, 2023.

《나는 (***) 팀장이다》, 박진한 외, 플랜비디자인, 2020.

《리더는 무엇에 집중하는가》, 존 맥스웰, 비즈니스북스, 2024.

《리더의 말그릇》, 김윤나, 카시오페아, 2021.

《사람 공부》, 조윤제, 청림출판, 2023.

《성과를 내는 사람, 못 내는 사람》, 마쓰모토 도시아키, 스타리치북스, 2018.

V. 리더의 자기 관리

《그는 어떻게 그 모든 일을 해내는가》, 로버트 포즌, 김영사, 2015.

《데일 카네기 자기관리론》, 데일 카네기, 현대지성, 2021.

《리더는 왜 무너지는가》, 서장원, 미다스북스, 2025.

《운의 속성》, 스기우라 마사카즈, 흐름출판, 2021.

《행복의 기원》, 서은국, 21세기북스, 2024.

VI. 리더의 성장과 브랜딩

《거인의 옥편》, 김성곤, 김영사, 2024.

《내가 가진 것을 세상이 원하게 하라》, 최인아, 해냄, 2023.

《수평적 사고》, 폴 슬론, 21세기북스, 2023.

《아비투스》, 도리스 메르틴, 다산초당, 2023.

《탁월한 사유의 시선》, 최진석, 21세기북스, 2018.

올라운드 리더십

ⓒ 김민오, 2026

초판 1쇄 발행 2026년 3월 19일

지은이　　김민오
펴낸이　　이기봉
편집　　　좋은땅 편집팀
펴낸곳　　도서출판 좋은땅
주소　　　서울특별시 마포구 양화로12길 26 지월드빌딩 (서교동 395-7)
전화　　　02)374-8616~7
팩스　　　02)374-8614
이메일　　gworldbook@naver.com
홈페이지　www.g-world.co.kr

ISBN　979-11-388-5591-4 (03320)